Let's enjoy Japanese gods and shrines

参拝したくなる！

日本の神様と神社の教科書

渋谷申博［著］

ナツメ社

はじめに

　果たして「神社の教科書」など必要なのだろうか。本書のタイトルをご覧になって、そう思われたかもしれない。

　神道や宗教史を勉強しようというわけじゃないんだから、教科書はいらないよ。神社のことはなんとなくわかっているから、もうちょっと詳しく知りたいだけなんだ。そう言われるかもしれない。

　たしかに神社に「教科書」はそぐわない気もする。神道にはお経や『聖書』のような公式聖典はなく、みんなが同じテキストを読んで教理を理解するということはなかった。日々の生活や祭などを通して、神道とはどんな信仰なのか、神社とはどんな場所なのかを体験的に理解してきた。

　だから、日本で生まれ育った方が「神社のことはなんとなくわかっている」と思われるのは、当然のこととも言える。

　しかし、近代以降、生活様式は大きく変わり、故郷を離れて生活する人が増える一方、欧米由来の習俗も多く取り入れられ、神社に関するさまざまな行事・儀礼がすたれていった。その結果、伝統的な信仰の意味や作法なども忘れられてしまい、人々と神社との関係も希薄になってしまった。

　それでも私たちは神社について「なんとなくわかっている」つもりでいるが、実はどんな神様が祀られていて、その神様にはどんな神話があるのか、神社ではどのような儀礼・祭祀が行

われていて、そこにはどんな意味があるのかなど、ほとんど知らないということもあるのではないだろうか。

　残念ながら、昔のように神社が生活の一部であったような暮らし方には容易には戻れない（もちろん、今もそのように生活されている方々も多くいらっしゃるが）。神社めぐりをしたり、祭に参加したりして、少しずつ日本古来の信仰や価値観を取り戻していかねばならないのだが、そうした時間もなかなか取れないというのが実情だろう。

　そこで、そのような欠を補うのが「教科書」なのだ。これによって神社に関する基礎的な知識を得れば、神社をより身近なものにすることができる。

　本書は教科書といっても堅苦しいものではなく、イラストを中心にわかりやすくまとめてある。ガイド役のネコのお福もあちこちでコメントをしているので、楽しく読めることと思う。

　きっと、本書を読まれた方は、神社の参拝が少しばかり豊かで実りあるものになるはず、と信じている。

　前置きはこのくらいにして、さっそく神社の話を始めることにしたい。まずは神社の境内にあるものから説明しよう。

しぶや　のぶひろ
渋谷申博

目次

第3章 神社と動物 ………… 163

本書ガイド紹介

渋谷 福 🐾

なぜかいつも不機嫌顔なのが特徴の著者の愛猫。著者の仕事振りを監督しているため、いつしか神社にも詳しくなった（?）。渋谷家では、お姫様のような扱いを受けているとかいないとか……。

※神様名などの表記は『古事記』を優先し、『古事記』にないものは『日本書紀』『風土記』の表記を採用しています。また、神社の御祭神を記載している場合は、神社の表記に従っています。

第1章

神社の基礎知識

神社とは何か。
境内にはどういった建物があって、どんな意味があるのか。
そして、神社の正式な参拝方法や授与品の扱い方は？
神社にお参りに行く際に知っておきたい、
基本的な神社の知識を紹介する。

そもそも神社とは何か

神社はどういう場所で、何のために作られたのだろうか。
まず、そのことから学んでみよう。

神社は神様のための場所

　神社にはいろいろな種類がある。広大な境内に立派な本殿・拝殿（→P16）が建ち、摂社・末社（→P20）も数多くある神社、切り立った山の上に鎮座する神社、小さな本殿と鳥居のみの神社、ビルにある神社などなど。形は実にさまざまだが、いずれも神様を祀る場所だということでは共通して

いる。神社は神様を祀る場所、まずこのことを押さえておこう。言い換えると、神社は神様のための場所なのである。

　したがって、神社に勤める神職や巫女は、神様に仕えることが一番大切な役割となる。われわれ参拝者の立場からいうと、いわば神様の宮殿に入らせていただいているということになる。身を慎み、作法を守って参拝する必要があるのは、このためなのだ。

神社とお寺は何が違う？

　神社の性質は、お寺と比べるとよくわかる。お寺も神社とともに日本の精神文化を育ててきた宗教施設であり、神社と混同されることも少なくない。しかし、神社とお寺は根本的に異なるものである。

　お寺の起源はインドにある。仏教の開祖・釈迦が弟子たちに教えを説いた精舎などといわれる修行場が始まり。釈迦の死後は釈迦やそのほかの仏様に対する崇敬を表す儀礼も行われるようになったが、釈迦の教えに従って修行する場ということは変わらない。日本では仏様を外国の神様として

受け入れたこともあって、お寺に神社と似た性質が加わったが、修行の場という根本的な性質は今も受け継がれている。

　簡単にいうと、神社が神様のための場所であるのに対し、お寺は人のための場所なのである。こうしたことは建物などのあり方にも反映されている。

　お寺の建物や荘厳（飾り）は参詣者に仏教のありがたみが感じられるように設えられるが、神社の装飾などは神様のためのものなので参拝者の目には届かないことも少なくない。また、お寺の御本尊は秘仏でないかぎり拝観することができるが、神社の御神体を拝することはできない。

✿ 神社とお寺の違い

神社

自然素材（茅、檜皮など）の屋根が多い

原則、本殿には神職も入らない（儀礼は拝殿で行う）

御神体の拝観不可

装飾が少ないことが多い（近世の社殿には装飾過多のものも）

鳥居は神社のシンボル（ない神社もある）

神職

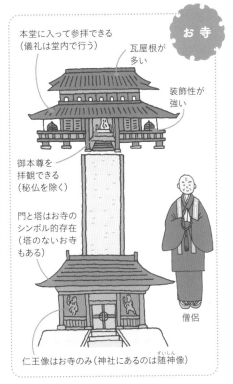

お寺

本堂に入って参拝できる（儀礼は堂内で行う）

瓦屋根が多い

装飾性が強い

御本尊を拝観できる（秘仏を除く）

門と塔はお寺のシンボル的存在（塔のないお寺もある）

仁王像はお寺のみ（神社にあるのは随神像）

僧侶

本社・本宮と分社・分祠

　日本の神様は分霊（分身）をいくつも作ることができると考えられている。同じ神様を祀る神社がいくつもあるのは、同じ名前の神様がたくさんいるのではなく、分霊がいくつも作られていることによる。

　その分霊の作り方にも、いくつか方法がある。

　高天原などにいらっしゃる神様に直接お願いをして、新しく建てた神社に降臨いただき、その分霊を祀るという方法。そうや

って創建された神社から分霊をいただくという方法。その分霊を祀る神社から、さらに分霊するという方法もある。

　分霊を出した神社のことを本社、または本宮といい、分霊をいただいて新たに建てられた神社のことを分社、もしくは分祠という。

　分祠はもとの神社と同じ、あるいは類似の社名をつける。たとえば、天満宮（天神社）・熊野神社・諏訪神社・氷川神社といった具合だが、創建の事情などによりまったく違う社名になることもある。

「霊威社」とは何？

　神社に祀られている神様にはすべて霊威があるのだが、とくに著しい霊験があるとされ、広く信仰されている神社を「霊威社」という。代表的な霊威社は以下のとおり。

分社・分祠は
フランチャイズチェーン店
みたいなものだにゃ

代表的な霊威社

本社・本宮	主祭神	全国に広がった経緯など
宇佐神宮	八幡神（→P128）	9世紀に分祠の石清水八幡宮が創建されて朝廷の守護神に。貴族・武士に信仰が広まった。
伏見稲荷大社	稲荷神（→P130）	東寺と関係を深めたことで朝廷や仏教界に信仰が広まった。各地の稲荷信仰とも結びついて普及。
北野天満宮 太宰府天満宮	天神（菅原道真公）（→P132）	祟りへの恐れと雷神信仰が結びついて貴族や民衆に信仰が広まり、禅宗で学問の神としての信仰が生まれた。
諏訪大社	諏訪明神（建御名方神）（→P86）	もともと信州で崇敬されていたが、説話などを通して信仰が広まった。戦国武将も厚く信心した。
熊野大社	熊野大神（→P118）	現世と来世に御利益があるとして、皇族・貴族に信仰が広まる。修験者なども信仰を広めた。
八坂神社	牛頭天王（須佐之男命）（→P76）	疫病を収める祭の祇園御霊会（祇園祭）が都で盛んになり、これが各地に伝えられた。
伊勢神宮	天照大御神（→P74）	もとは天皇以外の参拝は制限されていたが、中世より信仰が広まり、江戸時代に伊勢参宮が大流行。

「社号」とは何？

　神社の名前の最後につく「大社」「神社」といった言葉は「社号」といい、神社の格式を示す。かつては使い分けが厳密に決められていた。

　もっとも格式が高いのが「神宮」で、厳密には伊勢神宮にしか用いられない（伊勢神宮の正式名称は「神宮」）。古代において

は鹿島神宮・香取神宮・石上神宮のみ使用が許されていた。

　「大社」は正式には「おおやしろ」と読み、かつては出雲大社のみの社号であった。

　「神社」「社」は一般的な社号で、とくに制限はない。

　第2次世界大戦後、社号の使用の制限は緩められたが、今も、神宮は皇族に関わる神社であるなどの区別はなされている。

社号	使い分け	神社の例
神宮	皇室とゆかりの深い、由緒ある神社であることを示す。	伊勢神宮・鹿島神宮・香取神宮
大神宮	現在は一部の神社に用いられる特別な社号。	東京大神宮
宮	特別の由緒を認められた神社につけられる。格式は高い。	香椎宮・筥崎宮・天満宮・東照宮
大社	地域信仰の中核をなす大きな神社につけられた。	出雲大社・春日大社・松尾大社・日吉大社・熊野大社・諏訪大社
神社	もっとも一般的な神社の社号。	――
社	比較的規模の小さな神社の社号として用いられる。	――

時代とともに変わる「社格」

　神社の格式のことを「社格」という。これにはいくつかの種類があり、時代によって変化した。

　古代の朝廷は神祇官を通して全国の主要神社を管理することとし、朝廷が管理する官幣社と国司が管理する国幣社に分け、それぞれを大社と小社に区分した。これを官国幣制度という。こうした神社（官社）

は10世紀に成立した法制書『延喜式』に記録され、「式内社」と呼ばれた。なお、それ以外の神社は「式外社」という。中世では、都の鎮護を担う二十二社と地域（国）ごとの社格（一宮・総社制度）が重視された。

　神道を重視した明治政府は官国幣社制度を復活させ、全国の神社を官社と諸社に区分、それぞれに社格を与えた。

　戦後は、社格制度は廃止されたが、特別に崇敬される別表神社（約350社）がある。

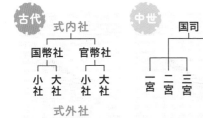

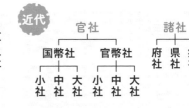

第1節

神社に行ってみよう

神社のことを理解するには、実際に参拝するのが一番。
しかし、その前に神社とはどんな場所なのかを知っておこう。

建物には一つひとつ
意味があるにゃ

摂社
せっしゃ
→P20

社務所（授与所）
しゃむしょ じゅよじょ
→P31

古札納所
こさつおさめしょ
→P63

鳥居
とりい
→P22

参道
さんどう
→P22

燈籠
とうろう
→P30

手水舎
てみずや
→P24

拝殿 (はいでん)
→P16

本殿 (ほんでん)
→P16

狛犬 (こまいぬ)
→P26

末社 (まっしゃ)
→P20

神楽殿 (かぐらでん)
→P28

神社の主要な施設の名前と用途を知る

境内の様子は神社によってさまざまだ。多くの建物が並ぶ神社もあれば、森の中にひっそりと社殿が建つ神社もある。神仏習合（→P204）時代の名残で五重塔が建っていることも。しかし、主要な施設の名称と

用途はみな共通している。これを知っておくと、神社参拝がより意義深く楽しくなる。

まず神社に着いて最初に目につくのが鳥居であろう。神社のシンボルともいえる。境内に入るとお清めのための手水舎がある。そして、参道を進むと神社で一番重要な建物、本殿と拝殿がある。本殿は御神体が奉安されるところ、拝殿は拝礼の場だ。

境内には小さな社もある。これを摂社・末社という。参道の脇などには御祭神に芸能を奉納するための神楽殿（舞殿）や、神職が社務を行う社務所がある。社務所は神札などの授与所を兼ねることもある。

本殿・拝殿

本殿からわかる神社の特質

本殿と拝殿は、神社でもっとも重要な施設である。この2つさえあれば、神社として成り立つことができる。

本殿（神社によっては正殿ということもある）は、御祭神の神霊が宿る御神体（御霊代）が奉安される建物をいう。お寺の本堂にあたるものだが、本堂では僧侶や参拝者が礼拝などの儀礼を行うのに対し、本殿へは原則として人は立ち入らない。

また、本殿にはさまざまな建築様式があることも大きな特徴で、その様式は御祭神と関係していることが多い。なお、建築様式は入口が屋根のどちら側についているかで平入りと妻入りの2種に分けられる。

拝殿は、昇殿参拝などの儀礼が行われる建物。古くは本殿前の露天で祭祀が行われていたが、荒天の日でも行える拝殿が普及した。

拝殿は本殿より大きく建てられることが多く、神社によっては拝殿に隠されて本殿が見えないこともある。また、権現造など本殿と拝殿が一体化していることもある。小規模の神社の場合、一つの社殿の後方を本殿、前方を拝殿としていることもある。

 拝殿 人々が参拝する場所。多くの人を受け入れるため、大きく目立つように造られることが多い。

 本殿 神様が鎮座される場所で、通常、人は入れない。外側は質素でも、内側は華麗に装飾されている場合も。

❖ 本殿の主な建築様式

平入り

棟と平行な面に入口がある

流造（ながれづくり）

上賀茂・下鴨神社の本殿を原形とする様式。切妻造・平入りの入口の上の軒が前に伸びた形。

棟

神社の例
賀茂別雷神社（上賀茂神社）（かもわけいかづち）
（京都府京都市）
賀茂御祖神社（下鴨神社）（かもみおや）
（京都府京都市）

大社造（たいしゃづくり）

出雲大社（いずも）本殿を原形とする様式。切妻造で妻入り。本殿としては大型の社殿が多い。

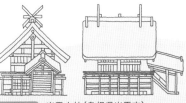

神社の例
出雲大社（島根県出雲市）
神魂神社（かもす）（島根県松江市）

住吉造（すみよしづくり）

住吉大社本殿を原形とする様式。大社造に似ているが、壁が白、柱が朱に塗られ、内部は2部屋。

神社の例
住吉大社（大阪府大阪市）
住吉神社（福岡県福岡市）

神明造（しんめいづくり）

伊勢神宮（いせ）正殿を原形とする様式。切妻造で平入り。千木・堅魚木（鰹木）（ちぎ・かつおぎ）が屋根に載る（→P18）。

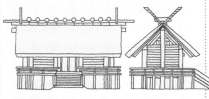

神社の例
伊勢神宮（三重県伊勢市）
仁科神明宮（にしなしんめいぐう）（長野県大町市）

八幡造（はちまんづくり）

宇佐神宮（うさ）本殿を原形とする様式。切妻造・平入りの社殿が前後に2棟つながっている。いずれも本殿。

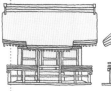

神社の例
宇佐神宮（大分県宇佐市）
石清水八幡宮（いわしみず）（京都府八幡市）

妻入り

棟と垂直な面に入口がある

春日造（かすがづくり）

春日大社本殿を原形とする様式。切妻造・妻入りで入口の上に庇（ひさし）がつく。比較的小型の社殿が多い。

庇

神社の例
春日大社（奈良県奈良市）
宇太水分神社（うだのみくまり）（奈良県宇陀市）

※切妻造とは、屋根頭頂部の棟から地面に向かう2つの傾斜面が、本を伏せたような形の屋根のこと。

社殿の屋根を見てみよう

神社建築の特徴は屋根によく表れている。お寺との違いもここからわかることがある。

まず、素材。お寺は瓦葺きが一般的だが、神社では瓦はほとんど使われない。神社の屋根には檜皮・茅・板などの自然素材が伝統的に使われてきた。自然素材は耐用年数が短いので現代では金属なども用いられているが、自然素材で造られた屋根の柔らかなフォルムを再現していることが多い。

お寺の本堂の屋根に切妻造は少なく入母屋造が一般的だが、神社の本殿では切妻造が多く入母屋造は少ない。千木・堅魚木（鰹木）は社殿特有の装飾。古墳時代の家形埴輪にも類似の意匠が見られる。

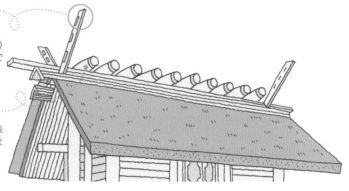

千木

もとは屋根両端の破風（はふ）板が屋根の上に出たものであったが、装飾物に変化した

堅魚木（鰹木）

もとは屋根の重しだったが、装飾物に変化した。数は神社（社殿）によって異なる

社殿の方角

本殿などの社殿は、日本の伝統的な住宅と同じく南向き（南面）が一般的だ。住環境として快適であるからだが、中国の「天子（皇帝）は南面す」という思想の影響もあるという。しかし、創建の由緒や地形の制約などから違う向きのものもある。

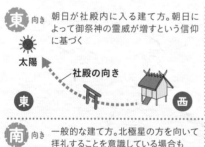

東向き　朝日が社殿内に入る建て方。朝日によって御祭神の霊威が増すという信仰に基づく

西向き　信仰対象物（神体山など）が東側にある場合など。その方を向いて拝礼する

南向き　一般的な建て方。北極星の方を向いて拝礼することを意識している場合も

北向き　北方の敵対的な勢力や魔物などを封じるため。地形の制約によることもある

山から勾玉まで
大きさも種類も
いろいろだにゃ

御神体について

　御神体とは御祭神の神霊が宿るためのもの。神社では御霊代ともいう。

　お寺では、本尊となっている仏像を見れば何が信仰の対象なのかわかるが、神社は仮に御神体を見ることが許されたとしても、何が祀られているかはわからない。どの神様が何を御神体とするといった決まりはないからだ。

　何を御神体とするかは、その神社の創建の由緒などによる。そのため、御神体の種類は多岐にわたっている。神社によっては決して本殿を開けないというところもあるので、御神体が何であるのかわからないということもある。

御神体の種類

　御神体は自然物と人工物の2種に大きく分けることができる。

　自然物のなかには、山や滝といった地形そのものが御神体になっている場合がある。たとえば、奈良県桜井市の大神神社は三輪山を御神体としている。このような場合、御神体を本殿に入れるわけにはいかないので、本殿を建てず、拝殿から御神体を遥拝する形になっていることがある。また、淵（泉）を御神体とする香川県高松市の田村神社は、その淵を厚板で覆い、その上に奥殿が建てられている。

　自然物の御神体で一番多いのは、おそらく岩（石）であろう。今のような神社が成立する以前は、奇岩や巨石などに神の降臨を願って祭をしていた。そうした名残として岩や石が御神体とされている。

　人工物では鏡・剣・勾玉が多い。本来は捧げ物であった御幣も御神体とされることがある。ほかに弓・矢・鉾などもある。かつては神像の御神体も多かったが、明治の神仏分離（→P214）以降、少なくなった。

自然物

山 御神体になっている山を神体山、または神奈備（かんなび、甘南備）ともいう

岩 神が宿る岩は磐座（いわくら）という。露天のものと社殿内に祀られるものがある

人工物

鏡 人工物の御神体でもっとも多いと思われる。伊勢神宮内宮正殿の八咫鏡（やたのかがみ）など

御幣 串（棒）に紙垂（しで）をつけたもの。布をつけたものや金属製のものもある

神像 仏像の影響で造られるようになった。古代〜中世の貴人の姿のものが多い

14

摂社・末社
せっしゃ　まっしゃ

境内にある小さな社
やしろ

神社をお参りすると、本殿・拝殿以外にも社（祠）があることに気づく。本殿に匹敵するほど立派なものや、半ば独立した境内をもつものもあるが、見過ごしてしまいそうなほど小さなものもある。

これらの社を、摂社または末社という。本殿に属する社という意味で、枝社ということもある。

摂社と末社の区別は明確ではない。比較的大きなものを摂社と呼ぶことが多く、本殿の御祭神と関係が深い神様（親神・御子神など）が祀られる。摂社・末社は境内に鎮座するものだが、歴史的な事情などから境内外にも鎮座していることがある。これを境内外（境外）摂社または境内外末社という。なかには独立した神社のように見える境内外摂社（末社）もある。

特徴的な摂社・末社

摂社・末社が建てられる理由はさまざまだ。創建の際にゆかりの神様を祀ることもあれば、土地の整備や神社統合などでほかの場所で祀られていた社が遷されることもある。当時流行していた神様が祀られることもある。

外観からはその摂社・末社にどんな神様が祀られているのかわからないのが普通だが、社の建てられ方からわかることもある。

たとえば、池の中の小島に社が建っている場合、宗像三女神を祀る宗像社もしくは厳島社であることが多く、古くは弁才天が祀られていた可能性がある。また、朱色の鳥居がたくさん並んでいたら、おそらく稲荷社であろう。社殿の前に伏せたウシの像があったら菅原道真公（→P132）を祀る社だろう。

本殿よりも人気の摂社も

　実際には、社殿や鳥居の神額、掲示などから社の名前や御祭神がわかることもある。そうした摂社・末社の御祭神から、その神社や地域の信仰の歴史も見えてくる。

　奉納物がたくさんあったり、立派な石燈籠（ろう）や瑞垣（みずがき）、石碑などが立てられたりしている場合は、その社が信仰を集めていたことを示している。

　摂社・末社は、足腰が丈夫になるとか芸能が上達するなど、霊験（れいげん）が特化していることもあるので、特定の年代や職業の人に信仰されていることもある。たとえば王子神

社（東京都北区）の末社・関神社は、鬘（かつら）を作ったとされる歌人蝉丸公（せみまるこう）を祀っているため鬘業者や理容業者から崇敬されている。

　なかには本殿の御祭神より信仰を集めている摂社・末社もある。えびす様の信仰で有名な西宮神社（にしのみや）（兵庫県西宮市）は、もともと廣田神社（ひろた）の境内外摂社であったが、信仰が広まったことにより独立した神社となった。

1カ所でたくさんの神様にお参りできるにゃ

第**1**章　神社の基礎知識

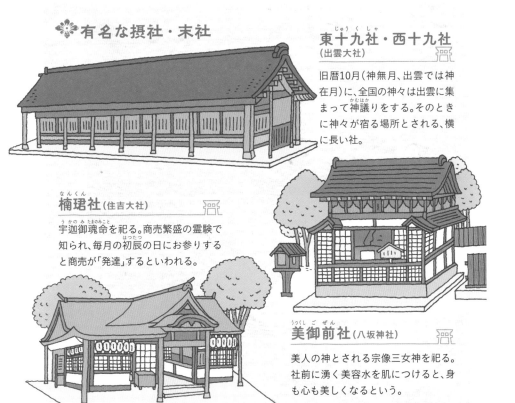

✿有名な摂社・末社

楠珺社（なんくん）（住吉大社）

宇迦御魂命（うかのみたまのみこと）を祀る。商売繁盛の霊験で知られ、毎月の初辰（はつたつ）の日にお参りすると商売が「発達」するといわれる。

東十九社・西十九社（じゅうくしゃ）（出雲大社）

旧暦10月（神無月、出雲では神在月）に、全国の神々は出雲に集まって神議（かむはか）りをする。そのときに神々が宿る場所とされる、横に長い社。

美御前社（うつくしごぜん）（八坂神社）

美人の神とされる宗像三女神を祀る。社前に湧く美容水を肌につけると、身も心も美しくなるという。

参道・鳥居
（さんとう・とりい）

鳥居の起源は？

　参道は、町や街道などから神社へ続く道と、神社の入口から拝殿・本殿まで続く道の2種類がある。いずれも参拝者が歩み、神輿に乗った御祭神が渡御する、聖なる道である。それゆえ、聖域であることを示すために、鳥居や狛犬、石燈籠などが置かれる。狛犬・石燈籠は別項で述べるので、ここでは鳥居について述べる。

　実は、鳥居の起源は明確ではない。現存例や絵巻に描かれたものなどから、12世紀には今と同じようなものがあったことがわかっているが、いつ何の目的で作られるようになったのかはわかっていない。

鳥居の種類はなぜ多い？

　現在の鳥居は、その内側（先）が聖地であることを示す、象徴的な門として機能している。この先で不敬な行為をすれば罰が当たるという警告でもある。

　鳥居は種類が多いのも特徴の一つ。形で御祭神の種類などを示していたのではないかともいわれるが、定かではない。その形式は神明系と明神系に大きく分類される。神明系がシンプルであるのに対し、明神系は装飾性が強く朱色に塗られることもある。これは、明神系鳥居が神仏習合の色合いが濃く、庶民信仰の神社に立てられることが多いことと関連していると思われる。

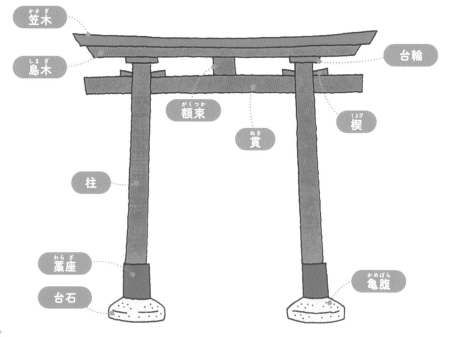

笠木（かさぎ）　島木（しまぎ）　台輪（だいわ）　額束（がくつか）　楔（くさび）　貫（ぬき）　柱　藁座（わらざ）　台石　亀腹（かめばら）

🌸 鳥居の種類

神明系

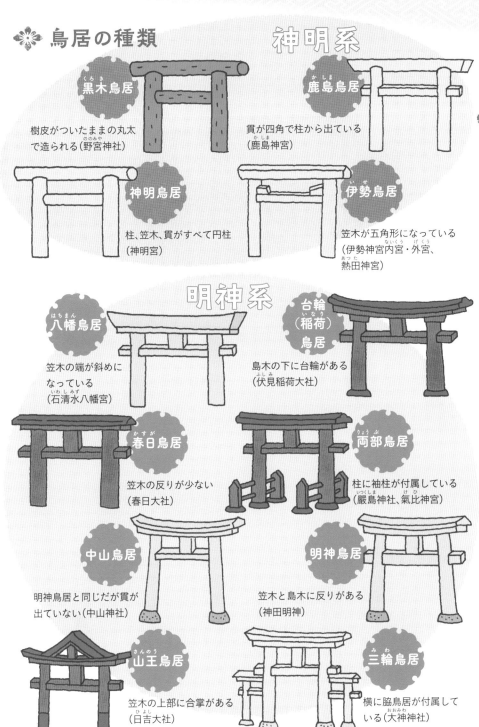

黒木鳥居
樹皮がついたままの丸太で造られる（野宮神社）

神明鳥居
柱、笠木、貫がすべて円柱（神明宮）

鹿島鳥居
貫が四角で柱から出ている（鹿島神宮）

伊勢鳥居
笠木が五角形になっている（伊勢神宮内宮・外宮、熱田神宮）

明神系

八幡鳥居
笠木の端が斜めになっている（石清水八幡宮）

台輪（稲荷）鳥居
島木の下に台輪がある（伏見稲荷大社）

春日鳥居
笠木の反りが少ない（春日大社）

両部鳥居
柱に袖柱が付属している（嚴島神社、氣比神宮）

中山鳥居
明神鳥居と同じだが貫が出ていない（中山神社）

明神鳥居
笠木と島木に反りがある（神田明神）

山王鳥居
笠木の上部に合掌がある（日吉大社）

三輪鳥居
横に脇鳥居が付属している（大神神社）

手水舎

参拝前には身を清める

　お参りをしたり神事に参加したりする際には、まず身を清めなければならない。というのは、日本の神様は穢れを嫌い、清浄であることを好むからだ。

　このため神社には、さまざまなお清めの作法や仕組みがある。よく知られているのが大麻（御幣）を頭上で振って罪穢れを除くお祓い（修祓）であるが、塩湯を撒くこともある。また、人の形に切った紙で体を撫で、息を吹きかけることで、罪穢れをこれに移す方法もある。これは大祓という年2回執行される神事で行われる。

　同じく大祓の際境内に設置される茅の輪（茅などを編んで作った輪）をくぐるのも、穢れを祓う作法の一つである。

　海や川に身を浸す禊も代表的なお祓いで、祭の参加者の義務としているところもある。

手水は禊の代用

　古くは伊勢神宮に参拝する人も、二見浦や五十鈴川で禊をした（すべての人がしたわけではない）。伊勢神宮に限らず、神社参拝に際しては禊をすることが理想であるが、そのような場をもつ神社は少ないし、参詣者の負担も大きい。そこで禊に代わるものとして行われるのが手水である（作法→P50）。

　手水では手と口を浄水で清める。口も清めるのは、悪しき言葉が出る場所だからで、外側だけではなく内面も清めるためである。

手水舎の読み方は「ちょうずや」でもいいにゃ

24

始まりは伊邪那岐命の禊

こうした禊（身滌とも書く）や手水は伊邪那岐命に始まるとされる。

伊邪那岐命は、火の神を産んだことで亡くなった伊邪那美命を迎えに黄泉の国（死者の国）に赴くが、失敗して地上に戻ってくる。そして、黄泉の国で穢れた体を清めるため、海で禊をすることにしたと『古事記』『日本書紀』は述べている。

川ではなく海で禊を行ったのは、海水の方が清める力が強いと信じられていたからで、お祓いに塩湯が用いられるのも同様の理由による。

また、このとき、海底・海中・海面で綿津見神や住吉神が生まれたとされるので、伊邪那岐命は海底深くまで潜って禊をしていたことがわかる。『古事記』も「潜きて滌ぎたまう」と述べている。

現在、禊は神職などの修行の一つとしても行われている。修行としての禊では、たんに水中に身を浸すだけではなく、振魂・鳥船行事・雄健行事・雄詰行事・気吹行事といった宗教的意味をもつ準備運動・深呼吸も行い、心身ともに清め鍛えるものとなっている。

『古事記』によれば、伊邪那岐命が禊をしたときに、左目から天照大御神、右目から月読命、鼻から須佐之男命が生まれたという。そのほか、脱いだ服から生まれた神様などもいる（→P99）

個性的な手水舎もある

手水用の水は、今は水道水がほとんどであるが、湧き水を樋で引いているところもある。諏訪大社下社秋宮などは温泉が出ている。また、伊勢神宮内宮では五十鈴川の清流で手水を行うことができる。

水が出る蛇口は、水を司る神として崇められていることから龍の形であることが多いが、御祭神の神使やゆかりの動物の姿をしていることもある。

最近は切り花を手水舎の水盤に浮かべる花手水を行う神社も増えており、参拝者の目を楽しませている。

伊勢神宮内宮の御手洗場（みたらし）。ここに敷いてある石畳は、将軍徳川綱吉の生母・桂昌院が寄進した

狛犬

狛犬は元ライオン？

参道の両側に控えて、悪しきものが本殿に近寄らないよう見張っている狛犬。個性的な像も多く、狛犬が目的で神社めぐりをしている人も少なくない。

狛犬は神社特有のものと思われているが、実は仏教とともに日本に伝えられたものらしい。それも、もともとはイヌではなく、ライオンだったようなのだ。

狛犬も、鳥居同様、その起源を明らかにするのは難しい。しかし、古代オリエントで神殿などを守護していたライオン型の聖獣が仏教に取り込まれ、中国を経て日本に伝えられたものと考えられている。

屋内型から屋外型へ

元ライオンであることは、狛犬の口を開いている方（阿形）が獅子とされることに名残を留めている。もう一方の閉口（吽形）で角があるものが、狭い意味での狛犬。これは「外国（高麗）のイヌっぽい動物」といった意味だ。

どうしてこうした形態になったのかは謎だが、日本ではまず寺院で置かれるようになり、宮中や貴族にも広まった。魔除けとして天皇の座の左右に置かれたりした。

これが神社に伝わり、まずは本殿の中や縁に置かれた。やがて参道に安置されるようになった。

吽形
狛犬

阿形
獅子

個性化していく狛犬

京都の上賀茂神社本殿の正面両脇の羽目板には、狛犬の絵が描かれている。下鴨神社本殿では、絵ではなく彫像が羽目板の前の縁に置かれている。いずれの本殿も江戸時代のものだが平安時代の姿を留めており、国宝に指定されている。東京都府中市の大國魂神社には鎌倉初期の狛犬が所蔵されており、重要文化財に指定されている。

これらの狛犬は、いずれも木造で端正な姿をしている。しかし、参道に置かれるようになると、雨曝しとなることから石像が主流となり、作り手も仏師や宮大工から土地の石工へと変わっていった。これに伴い狛犬の姿も個性化していった。

❀ さまざまな狛犬

唐獅子型　中国の宮殿を守護する獅子に似た形。たてがみがあるものもある

舶来型　中国の宋時代に流行った形式。背筋がぴんと伸びてロボット風?

リアル型　身近にいるイヌをモデルにしたような狛犬。意外に少ない

異形型　石工の個性爆発。ユニークな表情、現実ではありえないポーズなどなど

個性的な狛犬たち

狛犬の作り手が地元の石工になると、地域的な特色も出てくるようになる。たとえば、福島県南部では躍動した姿の像が多く、山口県では阿形の口の中に玉を彫り出すのが流行った。顔つきなども土地によって違いが出やすく、神社めぐりの際には注意してみるとおもしろい。玉を持っていたり、子どもを連れていたり、姿に動きやドラマ性が出てくるのは江戸時代以降に作られたものだ。なかには、子どもを岩山から突き落としているものもある。本来は獅子のエピソードなのだが。

神楽殿

神楽と神社

　現代の神楽は本殿に鎮まる御祭神に対して演じられるものだが、かつてはそうではなかった。神社が今のような形になる以前の古代においては、神楽は祭（神事）を行う場に神様を招くために演じられるものであった。そのときの様子をよく伝えているのが「天の岩屋隠れ神話」（→P75）である。

　須佐之男命の暴虐を怒って天照大御神が天の岩屋に隠れてしまった際、神々は大御神を誘い出すため岩屋の前で祭を行った。布刀玉命が捧げ物を下げた榊を持ち、天児屋命が祝詞を読み、天宇受売命が桶の上で踊ったという。これが神楽の起源とされる。

御神楽と里神楽

　神社に立派な社殿が建ち、神様がそこに鎮座していると考えられるようになると、神楽で神様を招く意味は薄れ、神様を楽しませる芸能へと変貌していった。その後の神楽は、宮中で行われる御神楽と民間で行われる里神楽に分かれ、それぞれに発展した。

神様に楽しんでもらうから「神楽」なんだにゃ

神楽殿とは

神楽を演じるための社殿を「神楽殿」または「舞殿」という。

神楽のための建物であるので、建物の大部分が舞台になっており、能舞台のようになっているものもある。一般の舞台に比べると床が高いものが多いが、これは本殿にまします御祭神を意識しているため。

神楽殿は、参道の中央、本殿の向かい側に建てられることもある。こうした神楽殿は壁がなく、四方吹き放ちになっている。また、拝殿を兼ねていることもある。

しかし、多くの場合、神楽殿は参道の脇に建てられる。本殿の前の神楽殿では神楽が御祭神に向けて演じられるため、一般の参拝者などは演者の背中を見ることになる。これに対し参道脇の神楽殿は、御祭神・参拝者ともに見やすい場所ということになる。

大きな神社では拝殿前の空間を囲う回廊の一画などに楽屋が付属していることもある。ここでいう楽屋は出演者の控え室のことではなく、雅楽などの奏者が演奏を行うための場所。いわばオーケストラボックスである。

ちなみに、回廊もただの屋根つき通路ではなく、大きな祭事などの際には観客席になるものであった。上賀茂神社・下鴨神社には、江戸初期の神楽殿と楽屋が残されている。

里神楽の種類

里神楽は4種類に分類される。神社の巫女が鈴や笹、扇、榊などを手にして舞う巫女神楽、剣などの採物を持った舞や神話などに題材をとった舞踊劇の採物神楽、湯釜の湯を榊の枝で振り撒いて清める湯立神楽、獅子舞を中心とした獅子神楽である。

巫女が鈴などを持って舞う巫女神楽は、巫女舞などとも呼ばれる

神楽の起源とされる天の岩屋隠れ神話。このとき、天宇受売命は乳房を出し、裳（も）の紐を陰部の前に垂らして踊ったという

燈籠
とうろう

燈籠各部の名称

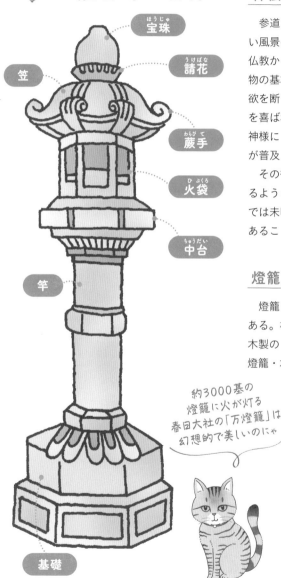

宝珠
ほうじゅ

請花
うけばな

笠

蕨手
わらびて

火袋
ひぶくろ

中台
ちゅうだい

竿

基礎

約3000基の
燈籠に火が灯る
春日大社の「万燈籠」は
幻想的で美しいのにゃ

神仏に明かりを献じるため

参道に並ぶ石燈籠というのも、神社らしい風景の一つといえよう。しかし、これも仏教から持ち込まれたものだ。仏教では供物の基本を香華燈燭という。悟りを開いて欲を断った仏様は、香の薫りや花、明かりを喜ばれるとされるからだ。同様のことは神様にもいえることなので、神社でも燈籠が普及した。

その後、お寺より神社の方で多く置かれるようになったのは、お寺と違って、神社では未明や深夜にも神事が行われることがあることと関係しているのかもしれない。

燈籠の種類

燈籠は材質と形態による2つの分類法がある。材質から述べると、石製・金属製・木製の3種類があり、それぞれ石燈籠・金燈籠・木燈籠という。形態では、境内に立てる立燈籠、軒などに吊り下げる釣燈籠、壇の上になどに設置する置燈籠の3種類がある。

これらのなかでもっとも知られているのが、立燈籠形式の石燈籠だろう。立燈籠にもいろいろな種類があるが、神社の参道でよく見られるのは春日大社から広まった春日燈籠である。ちなみに春日大社には立燈籠・釣燈籠、合わせて3000基もあるという。

社務所（授与所）

御守や御朱印については P56、57を見てにゃ〜

神社の事務を行うところ

神職が神社の事務などを行う場所を社務所という（ちなみに、お寺は寺務所という）。ただし、神職が常駐しない神社も多いので、社務所があるからといって神職がそこにいるとはかぎらない。

神社によっては、社務所で正式参拝（昇殿参拝）や祈禱の受け付けをしたり、お札や縁起物などの授与をしたりしていることもある（大きな神社では社務所と授与所は別になっている）。

事前チェックも大切

なお、神職や巫女は神事や神社の運営業務の合間を縫って、神札や御朱印、縁起物などの授与を行っている。したがって、大きな行事の前後などは対応が難しいこともある。ほかの神社の祭典や地鎮式など神社外での神事にあたることもあるので、神職が常駐している神社でも神職がいない日や時間帯がありうる。

拝殿前での参拝をするだけであれば、そうしたことを気にすることはないが、正式参拝や神札・御朱印の授与を望むのであれば、その神社に神職が常駐するのか、参拝予定日に特別な行事はないか、神社のウェブサイトなどで調べておくことが好ましい。

そのほかの見どころ

神門

神社の門は、大小にかかわらず神門という。

2階建てになっている場合は楼門とも呼ばれる。神社では少ないが、1階・2階両方に屋根がついているものは二重門という。

また、随身とは皇族や高位の貴族の警護にあたる官人のことであるが、神社では御祭神を守る官人風の武神を指し、随神とも書く。この像を門の両脇間に安置している神門を随身門（随神門）という。

玉垣・玉砂利

玉垣は、神社の境内などの神域を囲う垣（塀・柵）のことをいう。瑞垣ということもあるが、正確には玉垣と瑞垣は区別される。伊勢神宮御正殿では一番内側が瑞垣で、その外側が内玉垣、その外（一番外側）は外玉垣という。すなわち、神域にもっとも近いものを瑞垣としている。

玉砂利は、清浄性を保つため境内に敷き詰められた小石のことをいう。

御神木

神様が宿っていると信じられていたり、神様がその木に降臨したといった伝説をもっていたりする樹木のこと。信仰の対象になっており、ほかの木と区別するため注連縄がつけられることが多い。

夫婦杉とか乳銀杏のように、その姿から霊験を感じ、神木として祀られるようになったものもある。また、枯れたのちも大事に祀られ続ける木もある。

神馬舎

神馬舎とは御祭神が乗るウマのための宿舎、つまり厩舎である。自力でも移動はできる神様がウマを用いるのは、穢れた地面を踏まないためだと思われる（神様とウマの関係→P187）。

かつては多くの神社で神馬が飼われていたが、世話に手間と費用がかかるため、現在では神馬舎をもつ神社は少なく、あってもウマの像で代用していることが多い。

注連縄

神域、あるいはそのものが神聖なものであることを示すために張られる縄のこと。七五三縄・〆縄・標縄などとも書く。

一般的には、藁を左綯いにして、向かって右側を綯い始め（太い方）にして張る。向かって右を綯い始めにするのは、右が上位とされるからだが、出雲大社では昔から向かって左を上位とする習わしがあるので注連縄も左に綯い始めをもってくる。

現在では化学繊維の注連縄もある。

注連縄は太さによって大根注連と牛蒡注連に分けられる（図参照）。いずれの注連縄も紙垂という段々に折った白紙を下げる。〆の子という藁を下げることもある。〆の子を前垂れ（前掛け）のように一面に下げたものを前垂注連と呼ぶ。隙間なく下げたものを板注連といい、少し隙間があるものを前垂注連という場合もある。

玉飾り・輪飾りは、輪にした注連縄に〆の子を下げたものをいう。

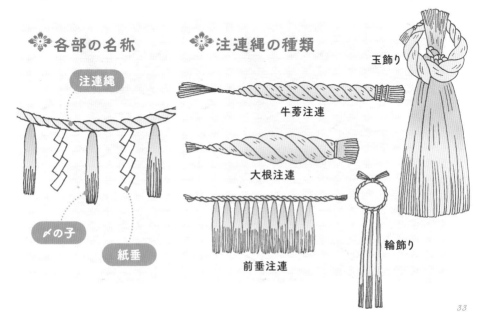

各部の名称

- 注連縄
- 〆の子
- 紙垂

注連縄の種類

- 牛蒡注連
- 大根注連
- 前垂注連
- 玉飾り
- 輪飾り

神職と巫女について

神主は神社の「主」ではない

神社でお祓いをしてくれたり、神事を執り行ってくれたりする人のことを、古くは祝（祝部）や大夫（「たゆう」とも）などと呼んでいた。近代には神官という呼称も使われた（近世以前にも一部では使われていた）が、これは神職が公務員に準ずる存在と考えられたことによる。その後、伊勢神宮の神職のみが神官と呼ばれるようになった。現在では、正式な呼称としては神官は用いられない。

今は、神職または神主と呼ぶのが一般的となっている。神主は「主」とついているので神社のトップと思われがちだが、神職であれば身分に関係なく神主と呼ばれる。

巫女とは違う女性神職

では、神社を統括する役目の神職は何と呼ぶのか。神社を司る者なので宮司という。宮司を補佐する役目の者は禰宜という。大きな神社になると、宮司の下に権宮司、禰宜の下に権禰宜という職階がある。

宮司・禰宜といった職階は神社における身分（役職）を示すものであるが、神職としての身分を示す階位というものもある。これは神道の徳目「浄き明き正しき直き心」になぞらえて、上から浄階・明階・正階・権正階・直階という。

なお、神職には女性もいるし、女性宮司もいる。巫女と間違える人もいるが、巫女とは役割も装束も違うので注意したい。

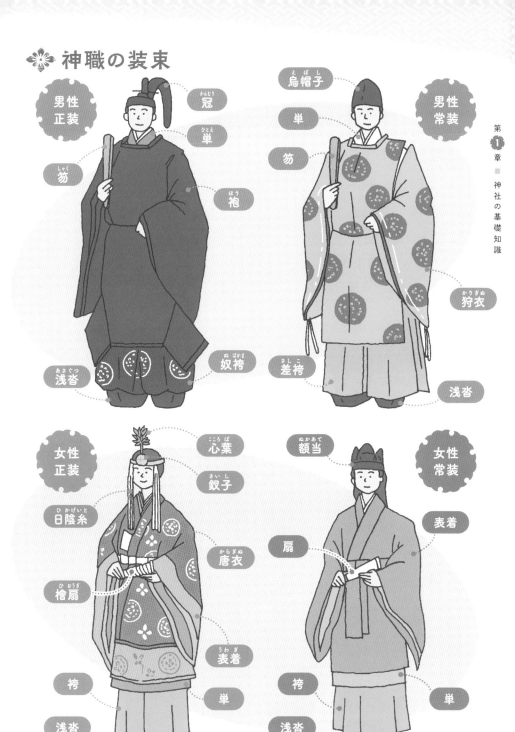

神職の装束

男性正装
冠 かんむり
単 ひとえ
笏 しゃく
袍 ほう
奴袴 ぬばかま
浅沓 あさぐつ

男性常装
烏帽子 えぼし
単
笏
狩衣 かりぎぬ
差袴 さしこ
浅沓

女性正装
心葉 こころば
釵子 さいし
日陰糸 ひかげいと
唐衣 からぎぬ
檜扇 ひおうぎ
表着 うわぎ
袴
単
浅沓

女性常装
額当 ぬかあて
表着
扇
袴
単
浅沓

神職の位

階位
神社本庁に所属する神社で、役職（権禰宜以上）に就くための資格。正階以下は講習を受けて検定試験に合格すれば得られるが、明階・浄階は長年の研鑽ののちに得られる。

職階
各神社において神職が就く役職。宮司は神社の長で、祭祀を主導するだけでなく経営や管理においても最高責任者。禰宜はこれを補佐する役目とされることが多い。

浄階（じょうかい）
明階（めいかい）
正階（せいかい）
権正階（ごんせいかい）
直階（ちょくかい）

宮司（ぐうじ）
権宮司（ごんぐうじ）
禰宜（ねぎ）
権禰宜（ごんねぎ）

身分と装束の色

神職の装束には正装・礼装・常装の3種があり、大祭または天皇・皇后・皇太子・皇太孫（こうたいそん）などの御参拝時には正装、中祭には礼装、小祭や恒例式には常装といったように、着用すべきときが決まっている。一般の人がよく見る姿は常装である。

また、こうした装束の袍（ほう）と袴の色・文様（もんよう）は、神道界への貢献度で授けられる身分（高い方から順に、特級・一級・二級上・二級・三級・四級）によって定まっている。それぞれの正装の色・文様は以下の通り。

なお、中祭のときに着る礼装は斎服（さいふく）ともいい、形は正装と同じで、身分に関係なく白地・無紋のものを用いる。

身分	特級	一級	二級上	二級	三・四級	斎服 （すべての身分）
袍	黒・有紋	黒・有紋	赤・有紋	赤・有紋	緑・無紋	白・無紋
袴	白・白紋	薄紫・白紋	紫・紫紋	紫・無紋	浅葱・無紋	白・無紋

古代の巫女と現代の巫女

古代
巫女と神楽の
始祖である
天宇受売命

現代
神事で
神楽を舞う
巫女

古代
神霊を
憑依させた
巫女

現代
神霊の
意志を語る
「口よせ」をする
イタコ

巫女には資格はいらない？

　先に、巫女と女性神職が違うことを述べた。男性・女性にかかわらず、神職になるには資格の取得が必要とされる。神道や神社儀礼に関する知識と研鑽が必要だからだ。一方、巫女には特別の資格は必要ではない。といっても、誰でも巫女になれるというわけではない。神様に仕え、神事に関わるにふさわしい資質が求められる。

　実は古代においては、特殊な能力が巫女に求められていた。神様と直接語り合える能力である。

巫女の変遷

　古代の巫女は、祭の場などに招いた神様をその体に憑依させるなどして、神様の言葉や意志を伝える役割を果たしていた。天照大御神を天の岩屋から誘い出した天宇受売命（→P89）は、そうした古代の巫女を神格化したものと考えられている。

　しかし時代が下るにつれ、神様の託宣より儀礼を荘重に行うことの方が重視されるようになり、巫女は神職の補佐的な存在となった。神霊を憑依させる信仰は、イタコなどの民間の巫女に受け継がれている。

供物・奉納物・神宝

神饌・御神酒とは

神様を祀るにはいくつかの方法があるが、一番基本となるのは供物をお供えすることだ。供物のなかでは食品がもっとも一般的で、料理にして供える場合（熟饌）と素材のまま供える場合（生饌）がある。これらを神饌という。豪華な熟饌をいくつも供える祭もあるが、戦後は生饌を供える神社が増えた。

何を神饌とするかは神社によって異なるが、米・酒（御神酒）・水は欠かせない。また、餅も祭では重視されることが多い。

初穂と直会

その年初めての収穫物や獲物（初物）は、特別な生命力が満ちていると考えられていた。それゆえ、神様に供えるものとされた。稲の場合、これを初穂といった。

初物を供えるのは、これによって神様の霊威を高めて、地域などを守ってもらうためだ。そして供えられた供物は、祭に参加した者たちも祭のあとに食する。これを直会という。供物には神様の霊力が宿っているので、それを食することで健康でいられたり、魔除けになったりすると考えられた。

神饌

餅　酒　魚　米　果物　野菜　水　塩

玉串・御幣とは

すべての供物が神前に供えられるわけではない。大量にあるものや巨大なもの、土地などの動かせないものは供えることができないので、目録を供えたり、神職が祝詞で報告したりする。

また、近世以降は、物品ではなく金銭を奉納する人も増えた。こういったこともあって、昇殿参拝では、さまざまな供物を象

徴する玉串が用いられる。参拝者はこれを神前に奉納することにより、敬神の心を示すのである（作法は→P53）。

御幣も、もとは供物であった。布などを奉納する際に串にはさんで神前に供えたのが始まりで、次第に形式化し、串に白や金銀、五色の紙をはさむものになった。神前に置かれていることから神霊が宿るものと考えられ、御神体ともされるようになり、またお祓いの道具ともされるようになった。

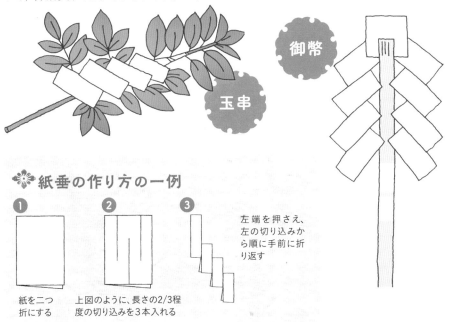

御幣

玉串

✿紙垂の作り方の一例

❶ 紙を二つ折にする

❷ 上図のように、長さの2/3程度の切り込みを3本入れる

❸ 左端を押さえ、左の切り込みから順に手前に折り返す

紙垂について

玉串や御幣、注連縄には紙垂がつけられる。現在は紙製の紙垂がほとんどであるが、かつては木綿（和紙の原料として使われる楮の繊維を糸状にしたもの）や麻の繊維が使われていた。

玉串や注連縄に紙垂がつけられる理由は明確ではないが、神様を招いたり憑依させ

たりする意味があったと思われる。小正月の民俗儀礼で使われる「けずりかけ」と呼ばれる呪具も、棒の一端を薄く削った表皮で房状にするものなので、同様の意味があると思われる。

一般的な紙垂の作り方を上に示したが、ほかにもさまざまな作り方がある。土地独特の紙垂が伝承されているところもあり、儀礼によって使い分けられることもある。

神宝とは

「宝」というと、金銀財宝を思い浮かべてしまうが、神宝はそれとは本質的に異なる。神宝には、神様に関わる霊的な宝物、神様のために調製された諸道具、神社に奉納された貴重品の3種類がある。

最初の「霊的な宝物」が狭い意味での神宝で、神社の御神体（御霊代）となっていることもある。また、かつては古代の部族の王権を象徴するもの（レガリアともいう）であったものも多いと考えられている。その代表的なものが三種の神器である。

三種の神器と十種神宝

三種の神器は皇位を象徴する3つの霊宝で、八咫鏡・八尺瓊勾玉・草薙剣をいう（下図参照）。このうち、八咫鏡と草薙剣は伊勢神宮内宮と熱田神宮の御神体となっており、宮中にはその分霊というべきものが奉安されている。

こうした王権の象徴としての神宝では、ほかに十種神宝が知られている。これは物部氏の祖神である邇芸速日命が高天原から地上にもたらしたものとされ、死者を蘇らせるほどの霊験があったとされる。

八咫鏡

天の岩屋隠れ（→P75）において、天照大御神を誘い出すために伊斯許理度売命が製作。岩屋では、天児屋命と布刀玉命が鏡を掲げた。

八尺瓊勾玉

大きい勾玉を連ねたもの。八咫鏡と同様、天照大御神を誘い出す神宝として、玉祖命が製作した。なお、「八咫」「八尺」は大きいの意。

三種の神器

草薙剣

須佐之男命が八俣遠呂智を退治した（→P77）際、尻尾の中から出てきたという。

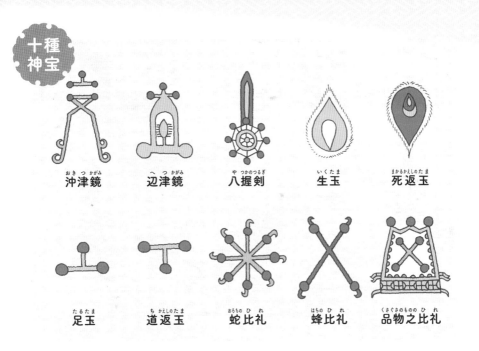

十種神宝

| 沖津鏡 (おきつかがみ) | 辺津鏡 (へつかがみ) | 八握剣 (やつかのつるぎ) | 生玉 (いくたま) | 死返玉 (まかるかえしのたま) |

| 足玉 (たるたま) | 道返玉 (ちかえしのたま) | 蛇比礼 (おろちのひれ) | 蜂比礼 (はちのひれ) | 品物之比礼 (くさぐさのもののひれ) |

さまざまな神宝

　上の図は十種神宝を表した古図の模写であるが、その働きをシンボリックに描いたもので、十種神宝の形を示しているのではない。十種神宝で注目されるのは、鏡・剣・玉（勾玉）・比礼で構成されていることだ。このうち、鏡・剣・玉は三種の神器と共通している。前述（→P19）のように、この３種は御神体とされることが多く、古代の日本人がもっとも重視した霊宝だということがわかる。

　三種の神器にはない比礼は、女性の衣装の一つで、今のスカーフのようなもの。大国主神（おおくにぬしのかみ）の神話にも、ヘビやハチを寄せつけない霊力を発揮する比礼が出てくる。

　一方、神様のために調製する神宝には、装束（衣装）・社殿内の飾り・化粧道具などの日用品・剣などの武具・楽器・文具などがある。

遷宮（せんぐう）のたびに作り直される神宝

　20年に一度の伊勢神宮の遷宮では、境内の諸社殿が新しく建て直される。それだけではなく、714種、1576点もの神宝も、そっくりそのまま作り直される。真新しいものを神様に使っていただくためだ。

　ほかの神社では伊勢神宮のような伝統がないのでこうしたことは不可能であるが、記念行事の際などに新しい神宝が奉納されることがある。

　崇敬者から奉納された神宝には芸術作品が多い。中世には武運長久（ぶうんちょうきゅう）（武人としての命運が長く続くこと）を願った武士が、盛んに刀剣などの武具を奉納した。

「神宝」は霊的な呪具から神様の日用品に変わっていったんだにゃ

祭と神事

祭は神事の一つ

　神社は神様を祀る場所であるので、神職が常駐しているところであれば、毎日何らかの神事が行われている。神様を奉祀するという意味では、そうした日々の神事も、神輿が渡御するような祭も同じだ。しかし、日々の神事だけでは神様を祀るには不十分で、時期に応じて大規模な祭事を行い、芸能なども奉納して、神様の霊威を大いに高める必要がある。

　それと同時に、祭には御祭神の神話や神社の歴史、神徳などを広く知らしめる意味もある。仏教のような経典・教理をもたない神道において、祭は神道の価値観や世界観を継承し、伝播させるための重要な場ともなっているのである。

ハレとケ

　祭は、参加する人々にとっても重要な意味をもっている。祭というハレの行事を経験することによって、日常生活（ケ）ですり減ってしまった生命力（この状態をケガレという）を取り戻すのである。

❀ 神事の主な目的

❶神様に仕える
神饌を供え掃除するなどして神域を整える

❷神様を喜ばせる
芸能や初物を奉納するなどして霊威を高める

❸神様の力をいただく
参拝・祈禱・神札などで霊力を人々に与える

❹神様の神徳を世に広める
神徳を広く知らしめ崇敬者を増やす

祭の分類・種類

古代の祭は、朝廷によって行われるものと、地域の神社で行われるものの２つに区分されていた（家庭内祭祀を除く）。天皇のための神社であった伊勢神宮の祭なども朝廷の祭祀に含まれていた。

現在はこうした区別はなく、伊勢神宮も国家から独立した神社となっており、宮中祭祀も皇室の行事として行われている。

現在使われている祭（祭祀）の分類は、開催の頻度、規模、特殊性によるものがある。

頻度による分類では、毎年執行することが定まっている恒例祭と、それ以外の臨時祭に分けられる。さらに臨時祭には、３年おき、20年おきといったように、一定期間ごとに行われる式年祭と、神社の創建・移転といった特別な出来事に合わせて行われるものがある。

規模では大祭・中祭・小祭の３種に分けられる。大祭には、その神社にとって重要な日に行われる例祭、その年の豊作を祈る祈年祭、収穫を感謝する新嘗祭などがあり、中祭には元日の朝に行われる歳旦祭、伊勢神宮の神嘗祭に合わせて行われる神嘗奉祝祭などがある。小祭は日々のお祀りのほか月次祭、除夜祭などがある。

特殊性には、すべての神社で行われる一般神事と、その神社でしか行われない特殊神事の２種類がある。八坂神社の祇園祭、諏訪大社の御柱祭、出雲大社の神在祭などが特殊神事に含まれる。

❀ 祭の主な分類

分類基準	祭の種類
主催	**朝廷（国家）祭祀** 　**宮中祭祀**…天皇が宮中で行う 　**奉幣祭祀**…天皇が有名神社などに使者を派遣して行う 　**神宮祭祀**…伊勢神宮で行われる 　**村落（神社）祭祀**…神社を中心とした共同体が行う 　**同族祭祀**…一つの氏族のなかで行う 　**民間祭祀**…地域や家のなかで行う
開催頻度	**恒例祭**…毎年行う **臨時祭** 　**式年祭**…一定期間ごとに行う 　**その他**…不定期など
規模	**大祭**…例祭、祈年祭、新嘗祭など **中祭**…歳旦祭、元始祭など **小祭**…月次祭、日供祭、除夜祭など
特殊性	**一般神事**…神社で一般的に行う **特殊神事**…特定神社でのみ行う

❀ 主な祭の種類

 例祭（例大祭）　創建された日など、その神社にとって重要な日に行われる

 式年祭　決まった年数ごとに行われる祭。伊勢神宮の式年遷宮が有名

 歳旦祭　元日の朝に行われる、新年を祝う神事。中祭の祭礼

 祈年祭　「としごいのまつり」とも読む。2月17日に豊作を祈念する

 大祓（おおはらえ）　6月30日と12月31日に行われる、罪穢れを祓う神事　＊祭礼ではない

 新嘗祭　「しんじょうさい」とも。11月23日に行われる収穫感謝祭

 月次祭　小祭の一つ。1日・15日などに、国と人々の安寧・繁栄を祈る

 日供祭　毎日行われる小祭。御祭神に神饌を捧げ、その一日の平安を祈る

神輿（御輿）
「しんよ」とも読む。神様を乗せるための輿。鳳凰の飾りがついたものは鳳輦という。

山車（屋台・だんじり）
地域によって名称は異なる。屋台に車輪がついたもので、引くなどして移動する。

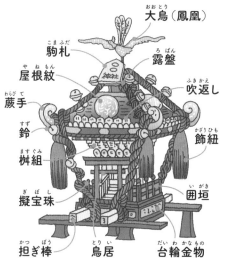

大鳥（鳳凰）（おおとり）
駒札（こまふだ）
屋根紋（やねもん）
露盤（ろばん）
蕨手（わらびて）
吹返し（ふきかえし）
鈴（すず）
飾紐（かざりひも）
桝組（ますぐみ）
擬宝珠（ぎぼし）
囲垣（いがき）
担ぎ棒（かつぎぼう）
鳥居（とりい）
台輪金物（だいわかなもの）

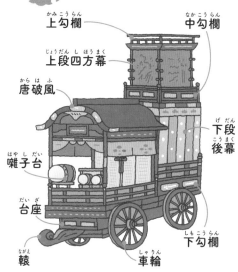

上勾欄（かみこうらん）
中勾欄（なかこうらん）
上段四方幕（じょうだんしほうまく）
唐破風（からはふ）
下段後幕（げだんこうまく）
囃子台（はやしだい）
台座（だいざ）
下勾欄（しもこうらん）
轅（ながえ）
車輪（しゃりん）

神輿と山車の違いは？

　日本には季節などによって移動する神様がいる。その代表が田の神で、春には山から田へ下りてきて、秋に山に戻るといわれている。神社に鎮座する神様も、祭の際には氏子区域などをめぐる。そのときに神様の乗り物とされるのが神輿である。

　神輿のもととなったのは天皇や貴族が用いた輿で、屋根に鳳凰の飾りがついた鳳輦は、本来は天皇の乗り物のことであった。

　神輿は神様を乗せる（御神体や分霊を移す）ものなので、本体部分は社殿のような作りになっている（上図参照）。

　神輿は担いで移動するが、山車は車輪がついており綱などで引いて移動する。天皇の即位儀礼の一つ大嘗祭で使われた標山が起源とされ、やはり神様の移動の道具であったが、囃子方や演者を乗せてお囃子や芝居をみせる移動舞台型もできた。

近代化で減った山車

　山車が出る祭でもっとも有名なものは、京都・八坂神社の祇園祭であろう。祇園祭の山車は、祭の起源である祇園御霊会で神輿に供奉した66本の鉾に始まるとされていることから山鉾という。祇園祭は各地に広まり、これに伴って祇園祭の山鉾を模した豪華な山車も作られるようになった。

　天下祭とも呼ばれた江戸の山王祭（日枝神社）・神田祭（神田明神）も、近世までは華麗な山車が出ていた。しかし、近代化によって町に電線が張りめぐらされるようになり、山車の巡行が難しくなってしまい、現在のような神輿祭となった。

神様は移動するのが好きなんにゃ

特殊神事・奇祭（きさい）

　先述のように、特定の神社でのみ行われている祭のことを特殊神事という。そのなかにはあっと驚くような儀礼・行事・出し物などを伴うものがあり、奇祭などといわれる。しかし、それらにはしかるべき意味があり、たんに奇をてらったものではないことに注意したい。奇祭と呼ばれるものには、火を使う、巨大なものを扱う、滑稽な所作がある、大勢の男たちが裸で競い合うといったものなどがある。

✿ 全国の有名な祭

祇園祭（八坂神社／京都府京都市）
疫病を京から祓う祭で7月いっぱい続く。貞観11年（869）の祇園御霊会が起源

御柱祭（おんばしらさい）（諏訪大社（すわ）／長野県諏訪市、茅野市、諏訪郡）
諏訪大社の2社4宮それぞれに4本の巨柱を立てる祭。寅・申年に行われる

天神祭（てんじんさい）（大阪天満宮／大阪府大阪市）
日本三大祭の一つ。7月24・25日。神輿が陸と川（船）を渡御する

祇園祭

神田祭（神田明神／東京都千代田区）
日枝神社の山王祭とともに天下祭とされ、1年おきに交互に催される。約200基の神輿が出る

山王祭（日枝神社／東京都千代田区）
山王とは日吉大社とその分霊のこと。将軍が神幸行列を見物したことから天下祭という

葵祭（あおいまつり）（上賀茂（かみがも）・下鴨（しもがも）神社／京都府京都市）
正しくは賀茂祭といい5月15日に行う。三大勅祭（天皇の勅使が派遣される祭）の一つ

石清水祭（いわしみずさい）（石清水八幡宮／京都府八幡市）
9月15日。三大勅祭の一つ。生きた魚鳥を放って生き物の平安を祈る祭

神田祭

御田植式（おたうえしき）（伊勢神宮 伊雑宮（いざわのみや）／三重県志摩市）
6月24日。「磯部の御神田（おみた）」の名前で国の重要無形民俗文化財に登録されている、雅な神事

春日祭（かすがさい）（春日大社／奈良県奈良市）
3月13日。三大勅祭の一つで、国家安寧・国民繁栄を祈る。9世紀より続くとされる

長崎くんち（諏訪神社／長崎県長崎市）
10月7〜9日。諏訪神社の秋季大祭であるが、異国情緒の濃い各種奉納踊りで知られる

御田植式

知っておきたい
参拝の作法

神社参拝を有意義なものにするためには、
参拝作法を知っておくことが必要。
神様に失礼がないようにすること、これが基本だ。

ワタシはちゃんと
顔を洗って
行くにゃ

参拝に行くべき日とマナー

参拝に行く日・時間帯

　神社には門がないことが多いので、24時間いつでも参拝できるような印象がある。しかし、大晦日のような特別なとき以外は、深夜の参拝は避けるべきだ。通例の参拝であれば、一般的な会社や店舗が開いている時間帯に行うのがよい。

　社務所・授与所が開いている時間は神社によって決まっているので、正式参拝や祈禱などを行うのであれば、その時間帯に行く必要がある。神社によっては、特定の日・時間にしか神職がいないこともあるので、

事前に調べておくといいだろう。初宮詣や七五三など予定が立つものは、早めに予約をしておくといい。

　参拝をするのは正月だけという人もいるが、人生の節目（誕生・七五三・入学卒業・成人などの人生儀礼）には参拝するよう心がけたい。ここまで無事に生きてきたことを感謝し、今後のご加護を願うためだ。

　もちろん、悩みや迷いがあるときなども、乗り越えていく力添えをいただくために参拝するのはいいことだ。なお、どうしても参拝が難しいときは、親しい人に代参（代理での参拝・祈禱）を頼むという方法もある。

一般的に行われる参拝の例

人生儀礼で行う参拝

- 初宮詣(お宮参り)
- お食い初め
- 初節句
- 七五三詣
- 合格祈願
- 成人式
- 結婚式
- 安産祈願
- 厄除け
- 方位除け

随時行う参拝

- 車のお祓い
- 商売繁盛
- 必勝祈願
- 身体健康
- 病気平癒
- 心願成就
- 家内安全
- 火難除け
- 盗難除け
- お礼参り

❀ 厄年の年齢

女性			男性		
前厄	本厄	後厄	前厄	本厄	後厄
18歳	19歳	20歳	24歳	25歳	26歳
32歳	33歳	34歳	41歳	42歳	43歳
36歳	37歳	38歳	60歳	61歳	62歳
60歳	61歳	62歳			

※年齢は、生まれた年に1歳となり、以降、正月ごとに1歳ずつ加わる「数え年」で見る

「厄年」は
もともと「役年」
だったんだにゃ

❀ 本命星と方位盤

北東（鬼門）
本命星が東北に位置し、変化・変動が多く運気も衰えがちで、けがや病気にも注意が必要な年回り

北（困難宮）
本命星が北に位置し、もっとも運気が停滞する年回り。飛躍への準備の年と考え、謙虚な気持ちで

南
八白土星 一白水星 三碧木星
二黒土星 四緑木星 六白金星
七赤金星 九紫火星 五黄土星
東 西
北

中央（八方塞がり）
本命星が中央に位置し、八方を塞がれてどの方向に事を起こしてもうまくいかない年回り

南西（裏鬼門）
本命星が南西に位置し、前年までの運気が徐々に好転し始めるが、年の前半は注意が必要

※上の方位盤は令和5年（2023）のもの。年が変わると本命星の方位も変わる

❀ 本命星早見表

一白水星 いっぱくすいせい	二黒土星 じこくどせい	三碧木星 さんべきもくせい	四緑木星 しろくもくせい	五黄土星 ごおうどせい	六白金星 ろっぱくきんせい	七赤金星 しちせきんせい	八白土星 はっぱくどせい	九紫火星 きゅうしかせい
昭和11年生	昭和10年生	昭和9年生	昭和8年生	昭和7年生	昭和6年生	昭和5年生	昭和4年生	昭和3年生
昭和20年生	昭和19年生	昭和18年生	昭和17年生	昭和16年生	昭和15年生	昭和14年生	昭和13年生	昭和12年生
昭和29年生	昭和28年生	昭和27年生	昭和26年生	昭和25年生	昭和24年生	昭和23年生	昭和22年生	昭和21年生
昭和38年生	昭和37年生	昭和36年生	昭和35年生	昭和34年生	昭和33年生	昭和32年生	昭和31年生	昭和30年生
昭和47年生	昭和46年生	昭和45年生	昭和44年生	昭和43年生	昭和42年生	昭和41年生	昭和40年生	昭和39年生
昭和56年生	昭和55年生	昭和54年生	昭和53年生	昭和52年生	昭和51年生	昭和50年生	昭和49年生	昭和48年生
平成2年生	平成元年生	昭和63年生	昭和62年生	昭和61年生	昭和60年生	昭和59年生	昭和58年生	昭和57年生
平成11年生	平成10年生	平成9年生	平成8年生	平成7年生	平成6年生	平成5年生	平成4年生	平成3年生
平成20年生	平成19年生	平成18年生	平成17年生	平成16年生	平成15年生	平成14年生	平成13年生	平成12年生
平成29年生	平成28年生	平成27年生	平成26年生	平成25年生	平成24年生	平成23年生	平成22年生	平成21年生

※元日（1月1日）〜節分（2月3〜4日）が誕生日の人は前年の星になる

厄年と本命星 やくどし ほんみょうしょう

　神社に参拝するのはめでたいときばかりではない。運勢が悪い、体調に不安があるといったときにも、物事が吉に転じるよう神様にお願いをする。経験上、注意すべき年齢（厄年）や方位があることが知られている。

　厄年（本厄）とは災難や病気に遭いやすい年齢のことで、男女で異なる。厄年の前後の年も前厄・後厄といって厄年に準じて注意すべき年とされる。とくに男性の42歳、女性の33歳は大厄といって、特別危険な年とされる。

　厄年はもともと「役年」で、神社などで重要な役に就く年齢のことだったともいわれる。いずれにしろ、神社でお祓いを受けて身を慎むべき年齢と考えられてきたのだ。

　本命星は、生まれ年を司る星がどの方位にあるかによって、その年の運勢を占うもの。中央や鬼門（北東）・裏鬼門（南西）の年は要注意とされる。

参拝の服装やマナー、タブー

　神社を参拝するときには、服装も整えていく。神様の住まいにお邪魔するのであるから、見苦しい格好を避けよう。とくに正式参拝など昇殿する場合は、正装に準じるものとする。夏の暑い盛りはラフな服装にしたくなるが、神様に敬意や感謝の気持ちを伝えるのに適した服装で参拝しよう。

　参拝の作法・マナーはいろいろあるが、本殿から御祭神が見ていらっしゃるという気持ちをもつことが第一。その気持ちをもっていれば、境内の神聖さを冒すような行為（境内のものを壊す、汚す、声高な放言など）は自ずとしなくなるものだ。

　手水や拝礼・玉串などの作法は後述するので、ここでは境内での一般的な作法について触れておこう。それは、境内に入るときや社殿の前を横切るときは、祀られている神様に敬意を表して一礼をすることだ。

　また、神様は穢れを嫌うので、境内に穢

境内に入るときは一礼をする

れを持ち込まないように注意する必要がある。忌中（喪中）も参拝は遠慮する（おおむね50日間）。やむを得ない場合は、お祓いを受けてから参拝する。

お賽銭あれこれ

5円玉がいいって本当？

　お賽銭の金額は気になるものだ。5円か10円か100円か悩む。日本には言霊の信仰があるので、「御縁」と音が同じ5円玉を奉納するといったことは、それなりに意味のある行為である。しかし、金額で御利益が違うと考えるのは、神様に対して失礼ではないだろうか。

お賽銭もキャッシュレスの時代？

　電子マネーでお賽銭を奉納できる神社が増えてきた。背景には硬貨の両替の有料化があるようだが、小銭の奉納も信仰に基づいた行為なので、消滅はしないだろう。

手水の作法

手や口だけでなく心も清める

神社の境内に入るときは、手水舎で手と口をすすいで清める。先に述べたように、これは禊の代用といえる。

われわれは日常生活のなかでさまざまな欲や怒りなどにさらされて、知らず知らずのうちに罪穢れにまみれてしまう。それを清めてから、神前に進むのである。

作法は下の図に示した通りで、慣れてしまえば難しいことはない。ただ、注意すべき点がある。

まず柄杓に口をつけないこと。それから、手水舎は清めの場ではあるが、洗面所ではないので、手が汚れているからといって、ごしごし洗うというのもＮＧだ。手と口とともに、心も清めていることも忘れないようにしたい。

手水舎と禊については
P24も見てにゃ

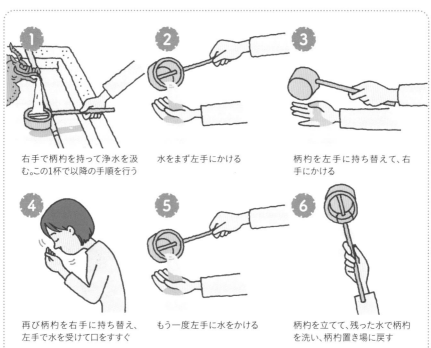

1 右手で柄杓を持って浄水を汲む。この1杯で以降の手順を行う

2 水をまず左手にかける

3 柄杓を左手に持ち替えて、右手にかける

4 再び柄杓を右手に持ち替え、左手で水を受けて口をすすぐ

5 もう一度左手に水をかける

6 柄杓を立てて、残った水で柄杓を洗い、柄杓置き場に戻す

拝礼の作法

二拝二拍手一拝が基本

　神前に進んだら、二拝二拍手一拝の作法で拝礼を行う。これについてもご存じの方が多いと思うが、参拝の作法はそれだけではない。

　まず、神前（この場合は拝殿の賽銭箱の前の意、昇殿参拝は→P52）に進む前に軽く一礼（これを小揖という）をする。境内に入るときと同様に、神前に進むことを神様にお許しいただくためだ。

　神前に進んだら賽銭を賽銭箱に入れ、鈴を鳴らす。そして、二拝二拍手一拝の拝礼を行う（下図参照）。

　拝礼の途中で手を叩くのは、神様に対して敬意を示すためだ。『魏志倭人伝』のなかにも、高貴な人に手を叩いて敬意を示すことが書かれており、そうした作法が神道に取り入れられ、今に至っていると考えられる。なお、神社によっては四拍手としているところもあるが、拝殿などにそうした作法が明示されていない限り二拝二拍手一拝の作法でよい。拝礼がすんだら一歩下がって小揖し、神前から離れる。

① 賽銭を賽銭箱にそっと入れる

② 鈴を鳴らす

③ 腰を深く（90度近くまで）曲げる礼を2回行う

④ 両手を胸元の高さに上げて右手を少し下にずらし、肩幅程度に両手を開いて2回打ち鳴らす

⑤ 一度指先をそろえてから両手を下ろし、もう一度深く礼を行う

昇殿参拝の作法

神様のより近くで参拝

　昇殿参拝とは、拝殿（神社によっては神楽殿）に上がり、神職に祝詞を奏上していただき、玉串を奉って参拝することをいう。正式に参拝したいときや特別な祈願がある場合に、こうした昇殿参拝を行う。

　神様のより近くで参拝するのであるから、正装に準ずる服装にするなど、心得ておくべき事柄がある。それに関連して、神道で用いられる敬礼の種類を知っておくと便利だ（下図参照）。

　昇殿参拝でとくに注意しなければいけないのは祝詞奏上のとき。儀式の見学をしているような気持ちで写真を撮ったり、私語をしたりする人がいるが、それらは厳禁。神職は参拝者に成り代わって神様にお願いを申し上げているのであるから、深く頭を垂れて、祈願している本人であることを神様に示さなければならない。

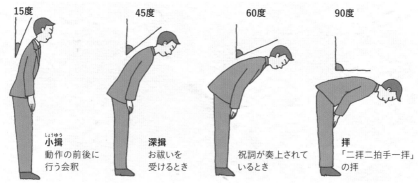

15度
小揖（しょうゆう）
動作の前後に行う会釈

45度
深揖（しんしょく）
お祓いを受けるとき

60度
祝詞が奏上されているとき

90度
拝
「二拝二拍手一拝」の拝

※角度はあくまでも基準。腰が悪いなどの場合はできる範囲で曲げればよい

昇殿参拝の流れと意味

　昇殿参拝は社務所に申し込むことから始まる。その際に、どのような目的か、何人で参拝するのかも伝える。行事の関係で昇殿参拝ができないこともあるので、できれば数日前に申し込む。

　神社には早めに赴き、時間になったら神職または巫女の案内で社殿に上がる。最初に修祓というお祓いを受けるので、深揖をして受ける。続いて神前に神饌を供える献饌が行われるのだが、略されることが多い。続いて祝詞奏上。祈願の趣旨などを神様に申し上げ、神助を願う。

　祝詞が終わると玉串奉奠となる（→P53）。本来なら神前から下げた神饌で直会を行うのだが、御神酒をいただくだけに略されることが多い。御神酒には御祭神の霊威が宿っているとされる。盃に唇をつけるだけでもよいので、いただくようにしよう。

一般的な昇殿参拝の流れ

1 申し込み・祈禱料納付 ▶▶ **2** 昇殿 ▶▶ **3** 修祓（お祓い） ▶▶ **4** 祝詞奏上 ▶▶ **5** 玉串奉奠（拝礼） ▶▶ **6** 御札拝受

玉串奉奠の意味と手順

　先にも述べた（→P39）ように、玉串は象徴的な奉納物といえる。これを神前に供えることで、御祭神に敬神の心を示すのである。枝元を神前に向けて奉納するために玉串を回転させるところが難しく思えるが、神職や巫女が作法を教えてくれるので、心配はいらない。畏敬（いけい）の気持ちをもって行えば、ぎこちないものであっても心は神様に通じるだろう。

　団体での参拝では、代表者のみが玉串奉奠を行うことがある。このような場合は、代表者以外は後ろで控えていて、代表者が奉納を終えたあと、代表者に合わせて二拝二拍手一拝の拝礼をする。

　なお、より丁寧な参拝の場合、玉串奉奠のあとに巫女舞が奉納されることがある。これも神様に対して演じられるものであるので、そのつもりで拝見すること。

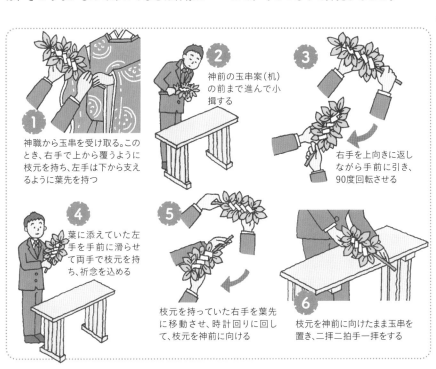

1 神職から玉串を受け取る。このとき、右手で上から覆うように枝元を持ち、左手は下から支えるように葉先を持つ

2 神前の玉串案（机）の前まで進んで小揖する

3 右手を上向きに返しながら手前に引き、90度回転させる

4 葉に添えていた左手を手前に滑らせて両手で枝元を持ち、祈念を込める

5 枝元を持っていた右手を葉先に移動させ、時計回りに回して、枝元を神前に向ける

6 枝元を神前に向けたまま玉串を置き、二拝二拍手一拝をする

さまざまな授与品

授与品とは

　神社の授与所に行くと、神札や御守、暦、土鈴など、さまざまな品が並べられている。それらのものを総括して授与品という。授与品は、御祭神の霊威が宿っているどうかで2種類に分けられる。

　神札・御守・御姿（御影）などは霊威が宿っているものに分類される。そのほかの破魔矢・暦・神使の人形などは縁起物といわれる。御朱印も縁起物に含まれる。

授与所へは参拝のあとで

　神社に着くなりまっすぐ授与所に向かう人をたまに見かけるが、これは御祭神に対してとても失礼な態度だ。授与品は参拝の記念などとして授与されるものであるから、参拝前にいただくのは本末転倒なこと。まして、参拝をせずに御朱印などの授与品をもらうことだけを目的に神社に来ることは、罰当たりな行為だといわざるをえない（ただし、御朱印は捺印・墨書に時間がかかるので、参拝前に御朱印帳を社務所に預けるよう指示している神社もある）。

　なお、神札や御守は御祭神の分霊同様なので、地面など穢れたところに置いてはいけない。そのほかの授与品も神様のいただきものなので大切にしよう。

授与品は「買う」のではなく「受ける」んだにゃ

神札（お神札）

神札は神棚で祀る

神札は御祭神の霊威を込めたお札のことで、神社や御祭神の名前が書かれ、御神璽（神様の印）や神社・宮司の印が捺されている。紙と木製の2種類があり、紙札は長方形がほとんどだが、木札は先が尖った剣先型などもある。また、木札は紙で巻いてあるものもあり、袴つきと呼ばれる。袴つきは、紅白または金銀の水引で結ばれる。

神札は御祭神の分霊ともいうべきものなので、神棚で祀るべきものである。とくに紙札は、神棚に置く宮形に納めて祀る（神棚・宮形→P61）。木札は宮形には入らないので、神棚に置いて祀る。神棚がない場合は、タンスの上など目線より高く穢れのない場所に白紙を敷いて祀る。

なお、神札には、玄関や台所といった特定の場所に貼って、盗難除け・火伏などにするものもある。

紙札タイプ

神社や御祭神名。名前だけのほか、その下に「神璽」などと書かれることもある

「御神璽」「神璽印」と呼ばれる、神社を代表する印

神社を司る宮司の印で、「宮司印」という

木札タイプ

先が尖っているものは「剣先型」という

紙と水引は、袴を着けて帯を締めていることを表している

祈禱内容が書かれたものもある

御守

御守は携帯できる神札

　実は御守の中にも神札が納められているので、神札の一種ともいえる。しかし、いわゆる神札を神棚などの特定の場所に奉安してお祀りするのに対し、御守は携帯できるように作られたものなので、神札とは区別される。

　御守は、どうしても守り袋のデザインに目を奪われてしまうが、これは中のお札を守るためのものなので、それ自体には御利益のようなものはない。大事なのは、中にどのような神札が納められているかなので、そのことに注意して選ぼう。

　また、御守は鞄などにつけられるので扱いがぞんざいになりがちだが、穢れないようにする配慮が必要だ。

❀さまざまな御守

↑神社特有の御神徳が込められた、鹿島神宮の「武道御守」(→P169)

↑小さな御守は財布の中などに入れて。十番稲荷神社の「かえる御守」(→P189)

←神使をかたどった、ストラップタイプの御守、筒弓稲荷神社の「本ツゲキツネ守」(→P167)

↑かわいい置物タイプの御守は、阿豆佐味天神社の「猫返しのお守り」(→P186)

破魔矢 （はまや）

もともとは男児の縁起物

文字通り「魔を打ち破る」矢のことで、魔除けの縁起物。正月の授与品として一般化しており、干支の絵馬とセットになっていることもあるが、本来は破魔弓と一具にし、男児の無事成長を願って、初正月または初節句に贈るものであった（女児には羽子板を贈った）。

また、家の棟上げ式（上棟式）で、鬼門に向けて置かれることもある。

その起源は明らかではないが、正月に矢を射て豊凶などを占った神社行事に由来するという説もある。

御朱印 （ごしゅいん）

写経の受領印が由来？

御朱印は、参詣した証に捺してもらう印のこと。神社の印に加えて「奉拝／○○神社／年月日」と書かれるのが一般的で、御祭神の名や社格が書き込まれることもある。また、最近は絵が描き込まれたものもあり、季節や行事に合わせた期間限定のものを授与する神社もある。

もともとは西国霊場や四国霊場などの札所寺院で写経を受け取った証に捺していたもので、納経印ともいった。

参拝の証なので参拝をしたあとでいただくものだが、神社によっては先に御朱印帳を社務所に預けることもある。

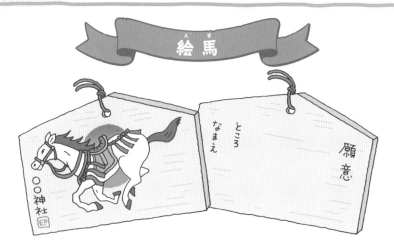

絵馬

ウマの代わりだった!?

絵馬は願い事を書いて神社に奉納するための駒形（五角形）の板。絵柄は神社によって異なり、御祭神や創建の由来、御神徳に関するものもある。

もともと、雨乞いなどの特別な祈願を神社にする際には、ウマを奉納するものであった。しかし、ウマは高価なうえ、農民にとっては必需品でもあったので、ウマの代わりに木や泥の人形が供えられるようになった。さらに簡略な絵が普及し、これが絵馬として定着した。その後、ウマではなく願意や神社の霊験なども描かれるようになり、絵描きの作品発表の手段ともされた。

絵馬は願い事を書いて境内の絵馬掛けに奉納するものだが、最近は持ち帰ることを前提としたものも多い。干支の絵馬などもそうしたものの代表といえる。さまざまな形があり、絵柄の種類も増えたため、収集家も多い。

さまざまな絵馬

↑白兎神社の
ウサギの絵馬
（→P184）

→賀茂神社の「競馬絵馬」
（→P187）

←鳩森八幡神社のハトの絵馬
（→P177）

↑かわいらしい正五角形の
絵馬は、信太森神社の「キ
ツネさんの絵馬」（→P167）

おみくじは持ち帰るもの

　おみくじ（御神籤・御御籤）は、日本古来の占いの一種。紙や竹の籤を引いて運勢や吉凶を占うもので、かつては神事の適任者などを選ぶのに用いられていた。

　古くは『日本書紀』に記載があり、室町時代には将軍の後継者を選ぶのにも用いられた。現在普及している、紙片に漢詩や和歌が書かれている形式は、元三大師良源（912〜985）が考案したといわれるが、実際には中国のものを模して室町時代に作られた。江戸時代は神職や僧が籤の意味を解説していたという。

　おみくじは神様からの授かりものなので、本来は持ち帰るべきもの。しかし、悪い運勢を変えたいとか、縁結びの祈願にしたいという場合は、境内の所定の場所に結ぶ。それ以外の場所、木などに結んではいけない。

❀ さまざまなおみくじ

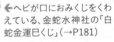

←ヘビが口におみくじをくわえている、金蛇水神社の「白蛇金運巳くじ」（→P181）

←大豊神社の「狛ねずみおみくじ」は、底の穴から取り出す内蔵型（→P175）

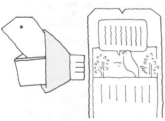

↑ハトの形に折りたたんであるおみくじは、鳩森八幡神社の「鳩みくじ」（→P177）

↑春日大社の「鹿みくじ」。ほかに、「白鹿みくじ」もある（→P169）

授与品の扱い方

まずは持ち帰ることが大切

　神社で授与されたものは、御祭神の分身ともいうべき神札や御守はもちろん、縁起物やパンフレットなども、神様からのいただきものと考えて大切に持ち帰る。

　このように書くと、絶対に捨てられないのかと思われるかもしれないが、そういうことではない。家まで大切に持ち帰ったあとは、授与品をよく点検して、神札のような祀るべきものは神棚などに奉安し、飾り物なども所定の場所に納めておく。パンフレットなどは、読み返して必要ないと判断した場合は、処分してもかまわない（授与品の処分→P63）。

　一番よくないのは、袋の中や引き出しなどに放置してしまうことだ。

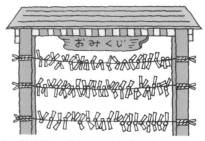

おみくじを結んで帰る場合は、必ず決められた場所に結ぶこと

木の枝に結んだら木がかわいそうだにゃ

おみくじや絵馬は持ち帰る？

　先に述べたように、おみくじも神様からの授かりものなので持ち帰るものである。大吉・中吉などと書かれた運勢のところだけ見て、さっさと結んでしまわないようにしよう。隅々まで読んで、このおみくじを通して神様が何を伝えようとしているのかを考え、理解できたら処分してもよい。

　願掛けや運勢を変えるために神社の納め所に結んでくる場合も、しっかり読んでから結ぶようにしたい。

　反対に、絵馬は本来神社に奉納するものであるが、最近は記念品としての性質が強くなっているので持ち帰ってもかまわない。家でよく考えて願い事を書き、あらためて奉納するのもよい。

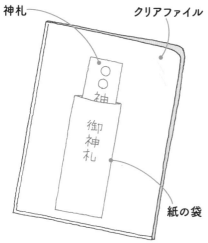

神札　　　　　**クリアファイル**

○○
神
御神札

紙の袋

折れやすい紙の神札などは、クリアファイルなどに入れて持ち運べば安心

神札の祀り方

神棚と宮形について

神社から授与された神札は神棚に祀る。この「神棚」について誤解もあるようなので説明しておこう。

神棚とは、神札や神像などを奉安するための棚状の場所をいう。必ずしも棚である必要はないが、神札などは目線より上に祀ることが好ましいので、棚とされることが多い。この神棚に置かれる社殿のような置物のことを宮形という。神札は宮形の中に納めて祀る。

宮形を置かず、神棚に直接神札を奉安してもよい（実際、木札や福神の像などは宮形に入らないので神棚に置く形になる）。しかし、紙札は風で倒れやすいため、簡略なものでよいので宮形で祀るようにしたい。

宮形での祀り方など

宮形には、精緻な彫刻が施された高価なものから、現代的なシンプルなものまでさまざまあるが、基本は一社造りと三社造りの2種である。一社造りは神札を奉安するところが中央に1つだけあるもの、三社造りは横に3つ並んだものをいう。

一社造りと三社造りでは神札の祀り方も違う。三社造りでは、中央に伊勢神宮の神札（神宮大麻）、向かって右に氏神神社、向かって左に崇敬神社の神札を祀る。一社造りの場合は、前から神宮大麻・氏神神社の神札・崇敬神社の神札の順に重ねて奉安する。なお、先述（→P55）のように、神札のなかには神棚ではなく、台所や玄関などに貼るものもある。

✿神札の奉安位置

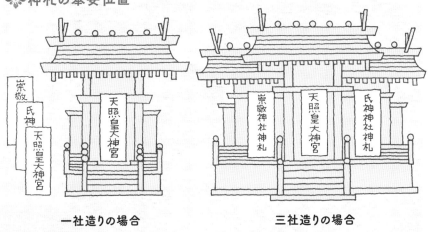

一社造りの場合　　　　三社造りの場合

神棚のお供えについて

お供えは毎朝が基本

　神棚に宮形を設置したら、その上に注連縄を張る。宮形を置かない場合も、注連縄は張るようにしたい。このとき、向かって右側に太い方がくるようにする。

　そして、神棚に余裕があれば左右に榊立てを置いて、みずみずしい榊を供える。

　さらに、宮形に祀った神様には日々お供えをする。お供えは朝が基本であるが、生活習慣に合わせて別の時間でもかまわない。お供えの基本は米（生米）・塩・水で、これに酒を加えるのが一般的になっている。専用の神具を使うのが理想だが、使い古していない清浄な食器でもよい。

　供物は横1列に並べるものであるが、神棚にその余裕がない場合は2列や3列にしてもよい（下図参照）。

お供えの位置

注連縄

授与品の納め方

神札と御守の有効期限

神札も御守も、神社での祈禱によって御祭神の霊威が込められているのであるが、残念ながら時間の経過とともにそれは薄れていく。どのくらいの期間で新しいものに交換すべきかは、神札・御守の種類によって異なるが、おおむね1年と考えてよいだろう（愛着のある御守を思い出の品として手元に残しておくことは差し支えない）。

新しいお札をいただくときに、古くなってしまったお札を境内の「古札納所（納札所）」に納める。そのような場所が神社にない場合は、お札を受け取るときに神職か巫女に渡すといいだろう。

なお、古札納所にはお寺のお札や土鈴などの縁起物は入れてはいけない。

お焚き上げされる古札

古札納所に納められたお札は、時機をみて神職がお焚き上げする。氏子・崇敬者を守護いただいたことに感謝を申し上げ、燃やすのである。

正月明けには、神社で授与した正月飾りなどを受け付けるスペースが設けられることがある。この場合も、ダルマなどお寺の正月飾り・縁起物などは入れてはいけない。

神社によっては、小正月にそうした正月飾りを山のように積み上げて燃やす左義長（サイト焼き・トンド焼きなどともいう）を行うこともある。これは正月に各家庭に訪れた神様（正月様）を送り出す、神送りの意味もあるといわれる。また、書き初めをこの火で燃やすこともある。

お寺の境内や屋敷の敷地に神社があるのはなぜ？

お寺の中の神社

お寺の境内に神社があるのを見て、「おや？」と思ったことがある方も多いのではないだろうか。こうしたお寺の神社は鎮守といい、お寺がある土地の神様やお寺を守る神様が祀られている。

実は、ほとんどのお寺に鎮守がある。小さなお寺では堂内や裏手に祀られていて目立たないことが多いが、大寺院では鎮守も立派な社殿をもっている。たとえば、高野山では壇上と呼ばれるもっとも神聖視される区画の西側に、御社（明神社）という3社からなる鎮守が鎮座している。

なかには、お寺本体より信仰を集めた鎮守もある。愛知県豊川市の妙厳寺がその代表で、その鎮守の豊川稲荷の信仰は全国に広まっている。

屋敷の中の神社

個人宅では神棚で神様を祀るのが一般的だが、信仰が篤い人は庭に小祠を建てて崇敬する神様を祀る。これを邸内社という。邸内社をもつ家では、定期的に神職を招いて神事を執り行ってもらう。

同じ邸内社でも、大名屋敷のものとなると規模が大きくなる。なかには庶民の信仰を集めるものもあった。東京都中央区の水天宮もその一つで、もとは久留米藩主の有馬家の屋敷に祀られていた。現在は独立した神社となっており、安産の神様として信仰を集めている。

第2章

神様図鑑

日本には八百万の神様がいらっしゃるという。
『古事記』『日本書紀』に出てくる神様、外来信仰から派生した神様、
実在の人物が祀られた神様など、出自も多種多様。
この章では、主な神様をイラストやエピソードを交えて
楽しく解説する。

旧暦10月（神無月、出雲では神在月）には、出雲大社に八百万の神が集まり、縁結びの会議をするという

『大日本歴史錦繪「出雲國大社八百万神達縁結繪圖」』香蝶楼豊国筆（出典：国立国会図書館ウェブサイト）

「神様」とは
どんな存在なの？

日本の神様は多種多様で定義は難しい。
しかし、そこにこそ日本人の信仰が表れている。

「八百万」というのは
具体的な数字じゃにゃくて
「限りなく多い」
という意味にゃ

実はまだ結論が出ない？
日本の神様とは何か？

　日本の神様の定義は難しい。専門に研究している学者であっても、これといったものを提示できずにいる。

　その理由の一つに、神様の多様性がある。ギリシア神話に登場してくる神々のような人格神がいるかと思えば、動物の神、自然現象の神もいる。特定の日だけやって来る神様や、巨石や巨木、滝などに宿る神様もいる。崇め奉られる神様だけではなく、忌み嫌われる神様や境界の外に追いやられる神様もいる。外国からやって来たという神様さえいる。

　江戸中期の国学者・本居宣長は、「人間の理解を超えた存在を神といい、それには善いこと、勇ましいこと、優れたことのほか悪しきことや怪しいことも含まれる」と『古事記伝』で述べている。

　この多様性が日本の信仰の最大の特徴であり、懐の広さを示すものといえる。

神様のおおまかな分類

　日本の神様を完全に網羅することは難しいが、おおまかに分類することはできる。これを知っておくと、神社で祀られている神々の性質などもわかってくる。

　まず、日本の神様は『古事記』『日本書紀』（記紀と略する）の神話に登場するか否かで、大きく2つに分類できる。記紀神話に登場する神様が偉いというわけではないが、朝廷などが記紀神話の神様を重視してきたことから、神社の本殿で祀られている神様は記紀神話の神様であることが多い。

天津神、国津神、人代の神

　『古事記』『日本書紀』に登場する神様は、天津神・国津神・人代の神の3種に分類できる。

　天津神は、天上（高天原）に住む、天照大御神を中心とした神々をいう。これらの神様は皇室と大和朝廷を支えた豪族（中臣氏・物部氏・忌部氏など）の祖先神であることが多い。

　国津神は、地上に住む大国主神を中心とした神々をいい、山の神や海の神といった自然の神々も含む。ただし、天津神・国津神の区別は明確ではなく、どちらに含まれるのか曖昧な神様もある。

　『古事記』『日本書紀』の歴史観では、神武天皇の登場とともに神話の時代（神代）は終わり、人間の時代（人代）となる。しかし、人代に入っても神々の活躍は続く。そうした話を人代の神話という。

❀ 神様の分類の一例

記紀に登場する神様	天津神	伊邪那岐命、伊邪那美命、天照大御神、須佐之男命、建御雷神、経津主神、邇邇芸命、天宇受売命　など
	国津神	大国主神、少名毘古那神、大物主神、建御名方神、事代主神、木花之佐久夜毘売命、石長比売命、櫛名田比売神　など
	人代の神	神武天皇、邇芸速日命、吉備津彦命、倭建命、神功皇后、武内宿禰命　など
記紀に登場しない神様		健磐龍命、八幡神、稲荷神　など
人　神		菅原道真公、平将門公、崇徳上皇、御霊、安徳天皇、聖徳太子、小野篁公、安倍晴明公、藤原鎌足公、和気清麻呂公　など
その他の神様		恵比寿神、道祖神、年神、荒神・竈神、田の神、オシラサマ　など

氏神、産土神、霊威神の違い

氏神

特定の氏族の
祖先神や守り神

産土神

生まれた土地、
特定の土地の守り神

霊威神

霊威・霊験が大きく、
各地で分霊が
祀られている神

記紀に登場しない神々 もとは人だった神々

『古事記』『日本書紀』に登場しない神々には、両書が編纂された当時、地域的な信仰に留まって大和朝廷とは関係をもたなかったため、収録されなかったものもある。そうした神様のことは『風土記』で語られていることがある。八幡神・稲荷神も記紀には記されていないが、奈良時代以降急速に信仰が広まり、今ではもっとも有名な神様である。

もとは人間であったが、深い怨みを抱いて死んだ者や、並外れて大きな功績をあげた人が神様として祀られることもある。これを人神という。

このほか恵比寿神や道祖神など民間信仰に由来する神様もいる。

また、上の図のように、人との関わりの違いから「氏神」「産土神」「霊威神」といった分け方もできる。

ひとくちに「神様」と
言ってもいろいろだにゃ
次のページから勉強するにゃ

別天神五柱（造化三神）

【ことあまつかみいつはしら（ぞうかさんしん）】

我らは
出現してすぐに
姿を隠したのじゃ

あめのみなかぬしのかみ
天之御中主神

かみむすひのかみ
神産巣日神

たかみむすひのかみ
高御産巣日神

DATA

別表記・別名

あめの み なかぬしのみこと
天御中主尊
たかみむ す ひ のみこと たか ぎ　　 かみ
高皇産霊尊(高木の神)
かみむ す ひ のみこと
神皇産霊尊

属性

天津神

御神徳

天下泰平
事業繁栄

お祀りされている主な神社

東京大神宮
（東京都千代田区）
よ　 はしら
四柱神社
（長野県松本市）

別天神五柱から三貴子まで

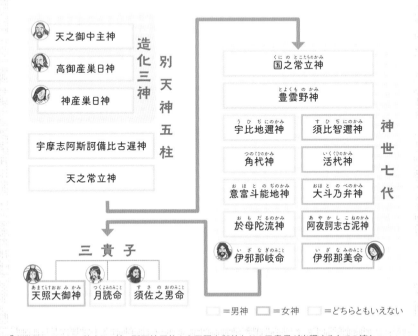

別天神五柱

造化三神
- 天之御中主神
- 高御産巣日神
- 神産巣日神

宇摩志阿斯訶備比古遅神

天之常立神

別天神五柱

神世七代

国之常立神

豊雲野神

宇比地邇神　須比智邇神

角杙神　活杙神

意富斗能地神　大斗乃弁神

於母陀流神　阿夜訶志古泥神

伊邪那岐命　伊邪那美命

三貴子

天照大御神　月読命　須佐之男命

■=男神　□=女神　□=どちらともいえない

『古事記』における、始まりの神・別天神五柱から天照大御神などの三貴子が出現するまでの流れ

別天神五柱は、『古事記』の冒頭で語られる、天地の始まりに出現した5柱の神様のこと。具体的には、最初に天之御中主神が現れ、続いて高御産巣日神、神産巣日神、宇摩志阿斯訶備比古遅神、天之常立神が出現した。このうち最初の3柱を造化三神と呼ぶ。

　これは天地の始まりの様子を神様の出現によって述べているものと思われる。すなわち、宇宙の中心に神聖なるものが現れ、次いで生命が生み出される元（2柱のむすひの神）が成り立ち、そこから葦の芽のような生命が生まれ、不変なる神々の世界が成立したというわけだ。

ところが『日本書紀』の本文では、最初に出現した神様を国常立尊だとする（『日本書紀』に所収の別伝には『古事記』と同じ説もある）。これは『古事記』では別天神五柱に続く神世七代の最初の神様だ。ここから、別天神五柱は神世七代とは別系統の創世神話だったと想像される。記紀神話は数種の伝承が混じり合って成り立っているのだ。

伊邪那岐命／伊邪那美命

【いざなぎのみこと／いざなみのみこと】

伊邪那岐命

伊邪那美命

国生みは
日本初の
共同作業ね！

この鉾は
天沼矛といって
別天神から
授かったのだ

DATA		
別表記・別名		
伊弉諾尊・伊弉冉尊		
属性		
天津神		
御神徳		
夫婦和合 子孫繁栄		
お祀りされている主な神社		
多賀大社 (滋賀県犬上郡)		
伊弉諾神宮 (兵庫県淡路市)		

伊邪那岐命と伊邪那美命の別れ

霊力があるとされる
桃の実を投げ、伊邪那美命が
差し向けた追手を退けた

「千引石」とは、動かすのに
1000人の力を必要とする
巨石という意味

伊邪那美命に追われて伊邪那岐命は黄泉比良坂（よもつひらさか）まで逃げ、そこに千引石を置き、黄泉の国とこの世である葦原中国（あしはらなかつくに）との間を塞いだ

『古事記』によれば、別天神五柱のあとに神世七代の神々が現れたという（→P71）。神世七代とは七世代の神々という意味だ。

神世七代の最後に出現した伊邪那岐命・伊邪那美命は、先に現れた神々に、まだどろどろの状態であった大地を固めて国土を生み出せと命じられた。

そこで伊邪那岐命・伊邪那美命は大地をかき混ぜた鉾から滴った塩で島を造り、ここで結婚をして国土を生むことにした。

伊邪那美命が先に声をかけたため最初の子（水蛭子神→P79）は"良くない子"だったが、結婚をやり直して日本の国土を生んでいった。

国土に続いて風の神や山の神など地上の神を生んでいくが、火の神・迦具土神（→P111）を産んだため伊邪那美命は火傷を負って死んでしまう。

伊邪那岐命は黄泉の国まで伊邪那美命を迎えに行くが、腐敗した姿を見てしまったため2神の仲は決裂し、伊邪那岐命は黄泉の国から逃げ戻った。

八百万の神の頂点に立つ女神

天照大御神

【あまてらすおおみかみ】

天の岩屋に
隠れたけど
困っているはずの
みんなが楽しそうで
つい顔を出して
しまったわ

DATA

別表記・別名

天照大神
大日孁貴神 (おおひるめのむちのみこと)
日神 (ひのかみ)

属性

天津神

御神徳

国家鎮護
開運招福

お祀りされている主な神社

伊勢神宮
（三重県伊勢市）
熱田神宮 (あつた)
（愛知県名古屋市）

天の岩屋隠れ

ニワトリは朝の訪れを告げる
神の使いとされる

天児屋命と布刀玉命が持った鏡を見て、
天照大御神は自分と同じ神がいると
不思議に思い、よく見ようと身を乗り出した

神々が宴会を装って天照大御神の気を引き、
岩屋を少し開けたところを天手力男神（あめの
たぢからおのかみ→P91）が引っ張り出した

　　照大御神・月読命・須佐之男命は、
　　伊邪那岐命と伊邪那美命が生んだ
神々のなかでも貴いことから三貴子と呼
ばれる。そのなかでもとくに貴ばれる天
照大御神は、八百万の神の頂点に立つ神
様といえる。また、皇祖神（天皇の祖先
神）・太陽神としても尊崇されてきた。

　その誕生は『古事記』と『日本書紀』
で異なっている。『古事記』では黄泉の
国から戻った伊邪那岐命が海で禊を行
ったときに、月読命・須佐之男命ととも
に生まれたとする（→P99）。

　　邪那岐命は、天照大御神には高天
　　原を、月読命には夜の世界を、須
佐之男命には海原を統治するよう命じる
が、須佐之男命は泣いてばかりいるので
追放されてしまう。

　須佐之男命は天照大御神に別れの挨拶
をしに高天原を訪れるが、その暴虐な振
る舞い（→P77）に天照大御神は怒って
天の岩屋に隠れてしまう。

　このため天地はまっ暗になり、さまざ
まな災いが生じたため、神々は祭を行っ
て天照大御神を岩屋から誘い出した。

駄々っ子から英雄神へ華麗に変身

須佐之男命

【すさのおのみこと】

神話の
あちこちに出てくる
それ故に
さまざまなところに
ゆかりの地があるのじゃ

DATA

別表記・別名

素盞嗚尊（素戔嗚尊）
建速須佐之男命
たけはやすさのおのみこと

属性

天津神

御神徳

疫病退散
縁結び

お祀りされている主な神社

八坂神社
（京都府京都市）

津島神社
（愛知県津島市）

須佐之男命の八俣遠呂智退治

櫛名田比売命を櫛に変えて
髪に挿し、退治に挑んだという

八俣遠呂智は
8つの頭と尾を持つ怪物。
洪水の化身という説もある

須佐之男命は、八俣遠呂智の8つの頭それぞれに酒を飲ませて酔わせてから退治した。その尻尾の中から草薙剣（くさなぎのつるぎ）が出てきたという（→P40）

貴子は太陽の神、月の神と、その性格は明確だが、須佐之男命は何の神であるのか明確ではない。生まれてからヒゲが生えるまで泣き続け、その泣き様に山の木は枯れ、海川の水は干上がり、諸々の災いが起こったとされることから、暴風雨の神ではないかともいわれる。

使命を果たさず、母に会いたいと泣き続けたため、伊邪那岐に追放された須佐之男命は、天照大御神に別れの挨拶をするために高天原へ昇っていく。しかし、皮を剝いだウマを機織り場へ投げ込み機織り女を死なせるなど暴虐を働いたため、天照大御神の天の岩屋隠れを引き起こしてしまい、須佐之男命は高天原からも追放されてしまう。

雲に降り立った須佐之男命は人々を苦しめていた八俣遠呂智を退治し、助けた櫛名田比売命（→P102）と結婚する。これまでの駄々っ子のような行動から一転、英雄神として活躍するのだ。

さらには、若き大国主神に試練を課す長老的な一面も見せている（→P81）。

月読命

【つく(つき)よみのみこと】

姉と弟が
目立ちすぎて
影が薄いと
いわれています……

DATA

別表記・別名

月夜見尊
つくよみのみこと
月弓尊

属性

天津神

御神徳

豊作豊漁
健康長寿

お祀りされている主な神社

月讀神社
つきよみ
（京都府京田辺市）
月山神社
がっさん
（山形県東田川郡）

「月読」とは「月齢を読み取る（知る）」ことを意味している。月齢は新月から何日目かということで、暦の知識を意味している。潮の満ち引きは月の満ち欠けから知ることができるし、種蒔きの時期なども暦が教えてくれる。記紀神話にはそうした話は収録されていないが、かつては月読命が人々に暦の知識を教える神話があったのだろう。

『日本書紀』には、天照大御神の命で保食神に会いに行ったが、自分に汚物を食べさせようとしたと勘違いして殺してしまい、怒った天照大御神と一日一夜離れて暮らすことになったという話がある。

よくお姉さんを
怒らせる兄弟だにゃ……

海に流された悲しき初子

水蛭子神

［ひるこのかみ］

“良くない”子どもとは
どういう
意味なのか……

伊邪那岐命

伊邪那美命

水蛭子神

DATA

別表記・別名

蛭子神
蛭児

属性

天津神

御神徳

海上安全
商売繁盛

お祀りされている主な神社

西宮神社
（兵庫県西宮市）

和田神社
（兵庫県神戸市）

伊邪那岐命・伊邪那美命が最初に生んだ御子であるが、“良くない”子どもであったため葦船に乗せられて流されてしまう。『古事記』は何が良くなかったのか述べていないが、『日本書紀』は「３歳になっても立つことができない」とあるので、ヒルのように骨がない子どもではないかともいわれる。しかし、「ひるこ」は「日の子」の意味で、本来は高貴な出自の者が流浪する神話ではなかったかと考える説もある。

『古事記』『日本書紀』は流されたあとの水蛭子神について語らないが、西宮神社などでは漂着した先で恵比寿神（→P151）として信仰されたとする（事代主神を恵比寿神とする信仰もある→P87）。

大国主神

【おおくにぬしのかみ】

八上比売命へ
求婚しにいく道中で
毛皮を剝かれたウサギを
助けたのだ
（やかみひめのみこと）

助けられたときに
八上比売命は
大国主神を
選ぶと告げ
その通りになったよ

大国主神の活躍

大国主神は少名毘古那神とともに「医薬の祖」といわれる

『風土記』などでは各地に稲作をもたらしたのも大国主神とされる

大国主神は、国造りの最中、農耕、漁業、殖産、医薬など、さまざまな知恵を人々に授けた。そのことへの感謝の気持ちから、多くの呼び名が生まれたともいう

大国主神は、地上を開拓（国造り）して、人々に稲作や医薬のことなどを教えた神様である。天照大御神が天津神の頂点に君臨しているのに対し、大国主神は国津神たちの王といえる。また、大国主神はたくさんの別名をもっているが、別名の多さは、その強さ、崇敬者の多さの表れだ。その信仰は、出雲のみならず山陽・四国・東海にも及んでいる。

しかし、その大国主神も最初から神々の王だったわけではない。初めは八十神と呼ばれる兄神たちの荷物持ちをさせられるような、下っ端の神様であった（因幡の白ウサギを助けた話はこのときのもの）。

八十神からの迫害を避けて根の国の須佐之男命のもとに赴くが、ここでも厳しい試練を受けさせられることになる。これを須佐之男命の娘の須勢理毘売命の助力を得て乗り越え、八十神を倒して地上の王となった。

そして、少名毘古那神や大物主神とともに国造り（地上の開発）を行っていった。

国造りを助けた極小の神

少名毘古那神

【すくなびこなのかみ】

温泉と
酒造りの
神様だ！

小さな男の神という名の神様で、その名の通り大国主神の掌に乗るほど小さかったとされる。このことから一寸法師の原形ではないかともいわれる。『古事記』によると、大国主神が出雲の美保岬にいたとき、蛾の衣を着てガガイモの舟に乗って現れたという。物知りの案山子の神に尋ねたところ神産巣日神の御子だというので問い合わせてみると、手の指の間からこぼれた神という（『日本書紀』では高皇産霊尊の子とする）。

大国主神とともに国造りに励むが、その途中で常世の国に去った。医薬、酒造り、温泉の神として信仰されている。

少名毘古那神は
国造りの途中で
常世の国に去って
しまった……

私と大国主神には
さまざまな仲良し
エピソードが
あるんだよ！

DATA

別表記・別名

少彦名命
（すくなびこなのみこと）

属性

国津神

御神徳

諸病平癒
良酒醸造

お祀りされている主な神社

酒列磯前神社
（さかつらいそさき）
（茨城県ひたちなか市）

少彦名神社
（大阪府大阪市）

謎を秘めた三輪山の神

大物主神

【おおものぬしのかみ】

国造りの途中で少名毘古那神に去られて悲しんでいた大国主神の前に、海を照らして出現した神様。国造りを成し遂げたいのなら私を祀りなさいと告げられたため、大国主神はこの神様を奈良の御諸山（三輪山）に祀ったという。

この三輪山の神については、『古事記』『日本書紀』に不思議な話が数種収録されている。崇神天皇の御代に疫病が大流行したというのもその一つで、疫病が大物主神の祟りだと知った天皇は、その御子を探して大物主神を祀らせた。

美女のもとに通ったという話も多く、丹塗りの矢に化身して陰部を突いたとも伝わる。また、妻となった美女に見せた正体は、美しい小蛇であったという。

櫛の箱に入っていた大物主神の小蛇の姿を見て驚いた妻は、陰部を箸で突いて死んでしまった

DATA

属性

国津神

御神徳

治病製薬
諸難消除

お祀りされている主な神社

大神神社
（奈良県桜井市）
金刀比羅宮
（香川県仲多度郡）

国譲りを成し遂げた武神

建御雷神

【たけみかづちのかみ】

DATA

別表記・別名

武甕槌神（武甕雷神）
たけふつのかみ
建布都神
とよふつのかみ
豊布都神

属性

天津神

御神徳

怨敵退散
諸難消除

お祀りされている主な神社

かしま
鹿島神宮
（茨城県鹿嶋市）
かすが
春日大社
（奈良県奈良市）

常陸から
大和へは
この子が運んで
くれました

武神らしく
猛々しい姿に
描かれることも
多いにゃ

伊 邪那岐命が迦具土神を斬ったとき
ざなぎのみこと　かぐつちのかみ
に飛び散った血から生まれた神様。
　自分の子孫に地上を統治させようと考
あまてらすおおみかみ
えた天照大御神は、支配権を譲り渡すよ
おおくにぬしのかみ
う大国主神に使者を2度にわたって派遣
するがことごとく失敗。そこで最強の武
神として派遣されたのが建御雷神であっ
ふつぬしのかみ
た（『日本書紀』は経津主神とする）。

　出雲の稲佐の浜に降臨した建御雷神は、
大国主神の力自慢の御子神・建御名方神
たけみなかたのかみ
（→P86）をやすやすと屈服させ、国譲
りを達成する。
　建御雷神は鹿島神宮で祀られているが、
春日大社でも祀られることになったとき、
常陸から大和まで神使のシカに乗ってい
ったという（→P168）。

国譲り神話、もう1柱の武神

経津主神

[ふつぬしのかみ]

建御雷神か私か……
どちらにせよ
ミッションは
達成したのだ！

経津主神は『古事記』には登場しない。『古事記』では建御雷神が国譲りを成し遂げるが、『日本書紀』ではその役目は経津主神が果たしており、武甕雷神（建御雷神）はその副将として天降りする。

経津主神の活躍は『出雲国造神賀詞』という出雲の文書や一之宮貫前神社の伝承でも語られており、かつては広く信仰された神様だったことがわかる。

経津主神の「ふつ」は剣で切る音で、剣の神様であることを表している。建御雷神も建布都神・豊布都神という別名があり、帯剣の名も布都御魂とされ、経津主神との関係が指摘されている。経津主神を祀る香取神宮が鹿島神宮と近接しているのも両者の関係の深さと関係があるのだろう。

DATA

属性	お祀りされている主な神社
天津神	**香取神宮**（千葉県香取市）
御神徳	**一之宮貫前神社**（群馬県富岡市）
必勝合格 **災難除け**	

強いのか弱いのか、2つの顔をもつ諏訪の神

建御名方神

【たけみなかたのかみ】

属性

国津神

御神徳

**風雨順調
豊作豊猟**

お祀りされている主な神社

諏訪大社
（長野県諏訪市・茅野市・
諏訪郡）

国を譲れと
いわれたが
最後まで
抵抗したぞ！

建御名方神は、動かす
のに1000人が必要とい
う大岩を持ち上げるほ
ど剛力だったが、建御雷
神に負けてしまった……

『古事記』では、大国主神の御子とされる（新潟県などに伝わる神話では大国主神と越の国の沼河比売の間の子とする）。大国主神に国譲りを迫った建御雷神に力比べを挑んだが敗れて信州の諏訪に逃げ込み、この地より出ないことを条件に許されたとする。

一之宮貫前神社に伝わる神話では経津主神と建御名方神が死闘を繰り広げたとされるが、『日本書紀』には建御名方神の神話は収録されていない。また、諏訪ではもともと諏訪にいた洩矢神を打ち破って鎮座したと伝わっており、『古事記』とは正反対の姿が語られている。

中世以降は武神としての信仰が広まり、朝廷や武士から篤い崇敬を受けた。

平和を好む、大国主神の代弁者

事代主神

【ことしろぬしのかみ】

大国主神の長男的な神様。「事代主」とは「代わって申す者」といった意味で、神の代弁者、託宣を伝える者を意味する。『古事記』の国譲り神話でも、建御雷神に国譲りを迫られた大国主神は「わが子の事代主神が返答いたします」と述べている。

決断を委ねられた事代主神は、大国主神に「地上は天津神に捧げましょう」と言って、海の中へ身を隠した。地上の統治には関わらないということを行動で示したのだ。なお、『日本書紀』は神武天皇の皇后を事代主神の娘とする（『古事記』は大物主神の子とする）。

また、美保神社などは福神の恵比寿神と事代主神は同一の神様としている。

争いよりも
釣りが
好きですね

DATA

別表記・別名

八重言代主神

属性

国津神

御神徳

商売繁盛
海上安全

お祀りされている主な神社

美保神社
（島根県松江市）

三嶋大社
（静岡県三島市）

87

三種の神器は
私が地上に
持ってきました

天照大御神の命で地上に降臨

邇邇芸命

【ににぎのみこと】

DATA

正式名

〈古事記〉
天邇岐志国邇岐志天津
日高日子番邇邇芸命

〈日本書紀〉
天津彦彦火瓊瓊杵尊

属性

天津神

御神徳

事業繁栄
心願成就

お祀りされている主な神社

霧島神宮
（鹿児島県霧島市）

新田神社
（鹿児島県薩摩川内市）

『日本書記』では
稲作を広めたのも
邇邇芸命とされているにゃ

天照大御神の孫神であるので天孫とも呼ばれる。当初、天照大御神は子の天忍穂耳命を派遣するつもりであったが、国譲りの交渉が長引く間に邇邇芸命が誕生したため、父に代わって地上に派遣されることになった。

派遣にあたって天照大御神は、八咫鏡・草薙剣・八尺瓊勾玉の三種の神器を授けた。天皇の代替わりに際し、三種の神器の承継が最初に行われるのはこのことに由来している。

地上に降臨した邇邇芸命は、木花之佐久夜毘売命という美女と出会い妃とした（→P96）。

芸能の神として崇敬される女神

天宇受売命

【あめのうずめのみこと】

天宇受売命は、神格化された巫女と考えられている。古代において巫女は神霊を招いてその言葉を伝える役割を担っており、祭事に欠かせない存在であった。

天宇受売命がその力を発揮したのは、天照大御神が天の岩屋に隠れてしまったときであった。その前で踊って誘い出すのに一役買ったのだ。このとき、乳房をさらけ出し、陰部に紐を垂らすという姿になったのは、女の性の呪力を使うためではなかったかと考えられている。

天宇受売命は邇邇芸命の降臨に随行しているが、その際にも霊威を発揮。天の辻で立ち塞がった猿田毘古神に立ち向かい、名と目的を聞き出した（→P90）。

DATA

別表記・別名

天鈿女命

属性

天津神

御神徳

芸道上達
夫婦和合

お祀りされている主な神社

佐倍乃神社
（宮城県名取市）

芸能神社
（京都府京都市、
車折神社境内社）

天の岩屋の
ときの舞が
神楽や巫女の
起源とされて
いるのよ

天の辻に立つ異形の神様

猿田毗古神

【さるたびこのかみ】

通　邇芸命が地上に降臨しようとしていたときのこと。天の辻に異形の神様が立ちはだかっているため、神々は恐れて通ることができなかった。『日本書紀』によると、その姿は長大な身長と長い鼻をもち、目は八咫鏡のように輝いていたという。

この神様に唯一立ち向かい、何をしに来たかと質問できたのが天宇受売命（→P89）。猿田毗古神は天孫を案内するために待っていたと答えた。

こうしたことから、猿田毗古神と天宇受売命は結婚したとされることがある。神楽で天狗とおかめが登場する場合、猿田毗古神と天宇受売命であることが多い。

『古事記』によれば、猿田毗古神は伊勢の海で比良夫貝に手をはさまれて溺れ死んだという。

…♡…

猿田毗古神と天宇受売命は夫婦になったともいわれる。お互い一目惚れだったかどうかは定かでないが……

DATA

別表記・別名

猿田彦神

属性

国津神

御神徳

開運招福
夫婦和合

お祀りされている主な神社

椿大神社
（三重県鈴鹿市）

猿田彦神社
（三重県伊勢市）

名前の通り、天界一の力持ち

天手力男神

【あめのたぢからおのかみ】

DATA

別表記・別名

天手力雄神

属性

天津神

御神徳

難関突破
開運招福

お祀りされている主な神社

戸隠神社
（長野県長野市）

雄山神社
（富山県中新川郡）

筋肉は
裏切らない！

　その名の通り力持ちの神様である。
その力が発揮されたのは、天照大
御神が天の岩屋に籠もったときのことで
あった。岩屋の前で天宇受売命が踊るな
どしたため、何があったのかと天照大御
神が様子を見ようとして岩屋の戸を開け
て身を乗り出したとき、天手力男神がそ
の腕をつかんで引き出したのだという。

　神楽や浮世絵などでは岩屋の岩戸を持
ち上げていたりするが、これは『日本書
紀』の別伝に「戸を引き開けた」と書か
れていることによる。

　また、天手力男神は邇邇芸命の地上降
臨にも随行している（降臨に随行したの
は天宇受売命など天の岩屋神話で活躍し
た神様が多い→P93）。

思慮深き天津神の参謀役

思金神

【おもいかねのかみ】

> 智恵を
> 授けよう

DATA	
別表記・別名	
常世思金神	
思兼神	
属性	
天津神	
御神徳	
学業成就	
諸願成就	
お祀りされている主な神社	
秩父神社 (埼玉県秩父市)	
気象神社 (東京都杉並区、氷川神社境内社)	

思考・考察を神格化した神様。抽象概念に由来する神様は日本神話では珍しい。

天津神たちは重大事件が起こると天の安の河原に集まって会議（神集い）を行うが、思金神はこれを主導して結論を出す役目を果たしている。『古事記』では天照大御神が天の岩屋に隠れたときと、国譲り交渉の使者を選定する場面で、その様子が描かれている。とくに天の岩屋隠れ神話では、天照大御神を誘い出すために緻密な計画を立てており、神々の参

天照大御神を誘い出すため、天の安の河原で神々に策を与える思金神

謀というべき活躍をみせている。

邇邇芸命の地上降臨にも従い、その後、伊勢神宮内宮に鎮まったとされる。

94

中臣氏（藤原氏）の祖先神

天児屋命

【あめのこやねのみこと】

中臣氏は
私の祝詞奏上の
役目を
継いだのだ

中臣氏（のちの藤原氏）は、忌部氏とともに宮中・朝廷の神事を司った氏族。天児屋命はその祖先神で、その役割も中臣氏の職掌を反映して高天原での神事を司るものとなっている。

天照大御神が天の岩屋に隠れたときは、牡鹿の肩甲骨をあぶって占いをし、岩屋に向かって祝詞を奏上している。そして、天照大御神が姿を見せると、ほかの貴い神がいるので喜んでいると思わせるよう、布刀玉命（忌部氏の祖先神→P94）とともに八咫鏡を天照大御神の前に掲げている。また、邇邇芸命の地上降臨に随行している。

ちなみに、邇邇芸命の降臨に従った5柱の神（天児屋命・布刀玉命・天宇受売命・伊斯許理度売命・玉祖命）は、五伴緒という。

DATA	
属性	お祀りされている主な神社
天津神	**枚岡神社** （大阪府東大阪市）
御神徳	**春日大社** （奈良県奈良市）
安産子育 **健康長寿**	

祭祀氏族・忌部氏の祖先神

布刀玉命

【ふとだまのみこと】

天の岩屋のときは
天児屋命さんと
コンビを組んで
活躍しました

DATA		
別表記・別名		
太玉命		
属性		
天津神		
御神徳		
事業繁栄		
学業向上		
お祀りされている主な神社		
安房神社		
（千葉県館山市）		
天太玉命神社		
（奈良県橿原市）		

布刀玉命は中臣氏とともに宮中・朝廷の祭祀を司った忌部氏の祖先神。天照大御神が天の岩屋に隠れてしまった際には、誘い出すために御幣（八咫鏡や八尺瓊勾玉などを下げた榊）を持って神事を執り行った。

　そして、天照大御神が岩屋から姿を見せると、天児屋命（→P93）と一緒に八咫鏡を差し出して天照大御神に見せた。天照大御神が岩屋から引き出されたあとは、再び岩屋に籠もってしまわないよう注連縄を張っている。

　また、邇邇芸命の降臨にも五伴緒（→P93）の1柱として従っている。

これが御幣と
注連縄の起源と
いわれているよ

44

さまざまな名前をもつ、八尺瓊勾玉を作った神様

玉祖命

［たまのおやのみこと］

皇位の象徴である三種の神器のうち、八咫鏡と八尺瓊勾玉は天照大御神を天の岩屋から誘い出すために作られた（草薙剣は八俣遠呂智の尻尾から発見された→P40、77）。このうち、八尺瓊勾玉を作ったのが玉祖命であった。

『日本書紀』にも同様の神話が数種収録されているが、それぞれ神の名が違っている。

これは、玉祖命が天児屋命や布刀玉命のように特定の氏族の祖先神ではなく、勾玉作りに関わっていた複数の氏族から守り神として信仰されていたことによるのだろう。

玉祖命も五伴緒の1柱として邇邇芸命の降臨に従っている。

大国主神さん並みに別名が多いのですよ

DATA

別表記・別名

天明玉命
あめのあかるたまのみこと

羽明玉命
はあかるたまのみこと

櫛明玉命
くしあかるたまのみこと

豊玉命
とよたまのみこと

玉屋命
たまのやのみこと

属性

天津神

御神徳

技術向上

お祀りされている主な神社

玉祖神社
たまのおや
（山口県防府市）

玉祖神社
（大阪府八尾市）

木花之佐久夜毘売命／
石長比売命

【このはなのさくやびめのみこと／いわながひめのみこと】

美人の
妹をもつと
大変です……

D A T A

別表記・別名

〈木花之佐久夜毘売命〉

木花開耶姫命
神阿多都比売命
鹿葦津姫命
神吾田鹿葦津姫命

〈石長比売命〉

磐長姫命

属 性

国津神

御 神 徳

縁結び
安産子育

お祀りされている主な神社

〈木花之佐久夜毘売命〉
富士山本宮浅間大社
（静岡県富士宮市）

〈石長比売命〉
雲見浅間神社
（静岡県賀茂郡）

木花之佐久夜毘売命

石長比売命

筑 紫の日向（今の宮崎県から鹿児島県のあたり）に降臨した邇邇芸命（→P88）は、木花之佐久夜毘売命という美しい娘と出会う。さっそく求婚したところ、父と話してほしいと言われる。

そこで父神の大山津見神（→P97）のもとを訪れると、喜んだ父神は姉の石長比売命も妃として邇邇芸命に奉った。と

ころが、石長比売命は醜かったため妃にはされず、追い返されてしまった。

怒った大山津見神は「娘2人を奉ったのは花の繁栄と岩の長寿を与えるためであったのに、妹のみをとったため天皇の寿命は花のように短くなる」と呪った。『日本書紀』では怒るのは磐長姫命で、寿命が短くなるのは人間となっている。

日本中の山の神様を代表する存在

大山津見神

[おおやまつみのかみ]

DATA

別表記・別名

大山祇神

属性

国津神

御神徳

**山林守護
商売繁盛**

お祀りされている主な神社

大山祇神社
（愛媛県今治市）

山の神である
とともに
父親キャラでも
あります

山の神には2種類ある。日本中の山を統べる神様と、個々の山を治める神様で、大山津見神は前者にあたる（後者の例としては比叡山を治める大山咋神がある→P114）。

大山津見神は伊邪那岐命・伊邪那美命が国生みをしたときに生まれた神様の1柱で、神話ではあまり活躍しないが、いくつかの神様の父として名前が出る。

天孫降臨における木花之佐久夜毘売命・石長比売命の神話が有名だが（→P96）、須佐之男命が八俣遠呂智から助けた櫛名田比売命（→P102）の父・足名椎命も大山津見神の子である。

日本のお父さんの
原像なのにゃ

航海と軍事と和歌と商売の神様

住吉神（底筒之男命／中筒之男命／上筒之男命）

【すみよしのかみ（そこつつのおのみこと／なかつつのおのみこと／うわつつのおのみこと）】

住吉大社では
祓の神　航海安全の神
和歌の神　農業・産業の神
弓の神　相撲の神と
されているぞ

底筒之男命

中筒之男命

上筒之男命

DATA

別表記・別名

墨江の三前の大神

底筒男命／
中筒男命／
表筒男命

属性

天津神

御神徳

旅行安全
開運招福

お祀りされている主な神社

住吉大社
（大阪府大阪市）

住吉神社
（山口県下関市）

伊邪那岐命の禊から生まれた神々

三貴子

左目 ➡ 天照大御神
右目 ➡ 月読命
鼻 ➡ 須佐之男命

住吉神

海面 ➡ 上筒之男命
海中 ➡ 中筒之男命
海底 ➡ 底筒之男命

綿津見神

海面 ➡ 上津綿津見神
海中 ➡ 中津綿津見神
海底 ➡ 底津綿津見神

伊邪那岐命が脱ぎ捨てた服から12柱の神様が生まれ、瀬に入ったところで災いの神2柱とそれを正すための神2柱が生まれ、それから住吉神と綿津見神、最後に三貴子が生まれた（『古事記』による）

伊邪那美命の復活を願って黄泉の国を訪れた伊邪那岐命であったが（→P73）、失敗に終わったため身を清めるため海に向かった。この禊では多くの神様が生まれている。

脱ぎ捨てた服や体の汚れから神様が生まれたあと、海底で身をすすいだときに底津綿津見神と底筒之男命、海中ですすいだときには中津綿津見神と中筒之男命、海面ですすいだときには上津綿津見神と上筒之男命が生まれた。このうち、綿津見神とついているのが海の神である綿津見神（→P100）、筒之男命がつくのが住吉神だ。

この住吉神が活躍するのが、第14代仲哀天皇の御代。熊曽討伐の途上で崩御した天皇に代わって新羅に遠征した神功皇后を、守護したのが住吉神だったと『古事記』『日本書紀』は語る。大勝利に終わった遠征の帰途、神功皇后は住吉神の荒魂を穴門（山口県下関市）に、和魂を墨江（大阪市住吉区）に祀ったとされる。

このため軍神として崇敬されたが、和歌の神・商業の神としても信仰された

綿津見神

生まれにいろいろな説あり？ 豊穣を象徴する海の神

【わたつみのかみ】

『古事記』には綿津見神の誕生が２度述べられている。最初は伊邪那岐命・伊邪那美命が国生みを行う場面で、ここでは大綿津見神と呼ばれている。もう一つは伊邪那岐命が禊をする場面で、住吉神とともに生まれている。ここでは底津綿津見神・中津綿津見神・上津綿津見神の３神として語られている（→P99）。

さらに、日子穂穂手見命（山幸彦→P104）がなくした兄の釣針を探しに海中を訪問した場面でも登場する（→P105）。この３場面の綿津見神が同一神なのか別の神様なのかは、はっきりしない。

日子穂穂手見命が訪れた綿津見神の宮は宝物を秘蔵する海底の楽園として描かれており、海の豊穣さの象徴と思われる。

底津綿津見神

中津綿津見神

上津綿津見神

DATA

別表記・別名

大綿津見神

海神

少童命

海神豊玉彦

属性

国津神

御神徳

航海安全

豊漁大漁

お祀りされている主な神社

志賀海神社
（福岡県福岡市）

穂髙神社
（長野県安曇野市）

３柱グループの神様とされたり１柱のようにいわれたりするのだ

世界遺産に鎮座する女神

宗像三女神
（多紀理毘売命／市寸島比売命／多岐都比売命）

【むなかたさんじょしん（たきりびめのみこと／いちきしまひめのみこと／たきつひめのみこと）】

多紀理毘売命

市寸島比売命

多岐都比売命

日本と
朝鮮半島や
中国とを結ぶ
国際航路の
守り神よ

DATA

別表記・別名

田心姫命
（たごりひめのみこと）

市杵島姫命

湍津姫命
（たきつひめのみこと）

属性

天津神

御神徳

渡航守護

交通安全

お祀りされている主な神社

宗像大社
（福岡県宗像市）

厳島神社（いつくしま）
（広島県廿日市市）

　　　宗像三女神は、玄界灘（げんかいなだ）に浮かぶ沖ノ島・大島と海に臨む田島にそれぞれ立つ、沖津宮（おきつぐう）・中津宮（なかつぐう）・辺津宮（へつぐう）に鎮座している。沖ノ島には4世紀から10世紀にわたる祭祀遺跡が手つかずのまま残されていることから、沖ノ島と関連遺跡は世界文化遺産に認定されている。

　そもそも宗像三女神が宗像に鎮座するに至った由来は、天照大御神（あまてらすおおみかみ）と須佐之男命（すさのおのみこと）が「うけい」という占いをしたことにある。互いに神を生み合って心の清さを確かめたもので、天照大御神が須佐之男命の剣を噛んで吐いた息吹から宗像三女神が生まれた。天照大御神は三女神に対し、海の交通の要所に鎮座して航行の安全を守れと命じて降下させた。

櫛名田比売命

【くしなだひめのみこと】

須佐之男命（→P76）が八俣遠呂智から救った国津神（足名椎・手名椎）の娘。八俣遠呂智は越の国（今の北陸地方）の八頭八尾の怪物で、毎年出雲にやって来ては娘を食べており、須佐之男命が出雲に降下したときは、足名椎・手名椎の８人目の娘である櫛名田比売命が食べられる番であった。

櫛名田比売という名は「素晴らしい稲田の姫」という意味であるが、呪術の道具としての櫛の意味も込められており、須佐之男命は八俣遠呂智と戦う際に櫛名田比売命を櫛に変えて身につけている。

八俣遠呂智を退治したあと、須佐之男命は櫛名田比売命を妃とした。これが今に続く結婚の始まりだともいわれる。

DATA

別表記・別名	お祀りされている主な神社
奇稲田姫命	**八重垣神社**（島根県松江市）
属性	**須我神社**（島根県雲南市）
国津神	
御神徳	
縁結び **五穀豊穣**	

２人の宮を建てたときに須佐之男命が詠んだ歌が、日本最古の和歌だとされる

嫉妬深い大国主神の正妻

須勢理毘売命

[すせりびめのみこと]

DATA

属性

国津神

御神徳

開運招福
難関突破

お祀りされている主な神社

大神大后神社（御向社）
（島根県出雲市、出雲大社摂社）

夫婦大国社
（奈良県奈良市、春日大社境内社）

八上比売命は大国主神の子を産んだが、嫉妬深い須勢理毘売命を恐れ、子どもを置いて故郷へ帰ってしまった

須佐之男命の御子神で大国主神（→P80）の正妻。若き大国主神は、八十神という兄神たちを出し抜く形で因幡の八上比売命と結ばれたことから兄神たちの怨みをかい、命を狙われることとなった。そこで、先祖である須佐之男命を頼って、地下にある根の国へ赴く。そこで出会ったのが須勢理毘売命であった。

　一目惚れをして大国主神の妃となった須勢理毘売命は、須佐之男命が課した試練を大国主神が無事に乗り越えられるよう、ヘビが静まる領巾（スカーフ状の呪具）などを与えてサポートした。その一方で、嫉妬深い行動をとり、大国主神を辟易させている。

日子穂穂手見命

【ひこほほでみのみこと】

兄は海の漁が
得意で
私は山の猟が
得意なのだ

DATA

別表記・別名

彦火火出見尊
火遠理命(火折尊)
山幸彦

属性

天津神

御神徳

子授安産
厄除開運

お祀りされている主な神社

鹿児島神宮
(鹿児島県霧島市)

青島神社
(宮崎県宮崎市)

釣針をなくされたり
屈服させられたり……
お兄さんが気の毒な
気がするにゃ

邇芸命(→P88)と木花之佐久夜
毘売命の間に生まれた御子神。

日子穂穂手見命には火照命という兄
があり、海の幸を得る神徳をもっていた
ことから海幸彦と呼ばれていた。一方、
日子穂穂手見命は山幸彦と呼ばれたが、
あるとき、兄の幸を発揮するための宝具
である釣針をなくしてしまったため、海

神の綿津見神の宮に行って釣針を探すこ
とになった。

綿津見神に歓迎された日子穂穂手見命
は、その娘の豊玉毘売命を妃に迎える。
綿津見神は魚たちに命じて釣針を見つけ
出し、さらに潮を操る宝玉を娘婿に授け
た。日子穂穂手見命は兄に釣針を返し、
そのうえで宝玉の力で屈服させた。

天皇の祖先となった綿津見神の娘たち

豊玉毘売命／玉依毘売命

【とよたまびめのみこと／たまよりびめのみこと】

　ともに綿津見神（→P100）の娘神。豊玉毘売命は、兄の釣針を探して綿津見神の宮を訪れた日子穂穂手見命と結ばれた。その後、出産のため地上に赴いたが、日子穂穂手見命が産屋を建て、鵜の羽で屋根を葺いているうちに豊玉毘売命は産気づいてしまう。

　このため豊玉毘売命が本来の姿（『古事記』にはワニとあるがサメのこととされる）に戻って産んでいるところを日子穂穂手見命に見られてしまい、怒って海に帰ってしまう。しかし、子どものことを案じて妹の玉依毘売命を送ってくる。

　御子（鵜葺草葺不合命）の乳母となった玉依毘売命は、のちにその妃となって神武天皇（→P120）を産む。

豊玉毘売命　**玉依毘売命**

お姉さんに代わってしっかり育てます！

DATA

別表記・別名

豊玉姫命
とよたまひめのみこと
玉依姫命
たまよりひめのみこと

属性

国津神

御神徳

安産子育
縁結び

お祀りされている主な神社

〈豊玉毘売命〉
豊玉姫神社
（鹿児島県南九州市）

豊玉姫神社
（佐賀県嬉野市）

〈玉依毘売命〉
玉前神社
たまさき
（千葉県長生郡）

玉依比賣命神社
（長野県長野市）

迷える若者を導く老賢人

塩椎神

【しおつちのかみ】

若者に道を示すことから道標の神とも呼ばれるぞよ

DATA

別表記・別名

塩土老翁
しおつちのおじ

属性

国津神

御神徳

産業開発
延命長寿

お祀りされている主な神社

鹽竈神社
しおがま
（宮城県塩竈市）

鹽津神社
（滋賀県長浜市）

人々に塩作りを教えた神様ともいわれているにゃ

兄・火照命の釣針をなくしてしまった日子穂穂手見命は、自らの剣をつぶして千の釣針を作り、これを代償としようとした。しかし、なくした釣針は海の幸をもたらす宝具であったため、ほかの物には代えがたいものであった。

もとの釣針を返せと言われて海辺で泣いていた日子穂穂手見命の前に現れたのが塩椎神である。塩椎神は、綿津見神（→P100）の宮に行けばいいということを教え、海底に行ける舟まで与えている。

また、塩椎神は兄たちと日向にいた即位前の神武天皇の前にも現れて、東方によい土地があると教えている。

神話時代と人代をつなぐ神様

鵜葺草葺不合命

【うがやふきあえずのみこと】

正しくは天津日高日子波限建鵜葺草葺不合命（『日本書紀』は彦波瀲武鸕鷀草葺不合尊）。日子穂穂手見命（→P104）と豊玉毘売命（→P105）の間に生まれた御子。産屋の屋根を鵜の羽で葺ききらないうちに誕生したため、この名となった。なお、鵜戸神宮は産屋があった場所に鎮座していると伝わる。

ワニ（サメ）になって産んでいる様子を日子穂穂手見命に見られたため、豊玉毘売命は海に帰り、地上と海をつなぐ道も塞いでしまうが、子どものことを心配して妹の玉依毘売命を送ってくる。成長ののち鵜葺草葺不合命は玉依毘売命を妃とし、のちに神武天皇となる神倭伊波礼毘古命（→P120）を生む。この誕生をもって神話の時代は終わり、人代となる。

母の豊玉毘売命はサメの姿で出産しているところを日子穂穂手見命に見られ、怒って海に帰ってしまった

DATA

別表記・別名	お祀りされている主な神社
鸕鷀草葺不合尊	**鵜戸神宮**（宮崎県日南市）
属性	**葺不合神社**（千葉県我孫子市）
天津神	
御神徳	
安産子育 **海上安全**	

107

大気津比売神／保食神

【おおげつひめのかみ／うけもちのかみ】

須佐之男命は天照大御神の天の岩屋隠れを引き起こした罪で高天原を追放されるが、地上に降りる途上で大気津比売神のもとに立ち寄っている。食べ物を乞うたのだが、大気津比売神が料理を口や鼻、尻から出したため汚物を食べさせようとしていると誤解し、殺してしまう。すると、その死体から五穀や蚕が生じる。

食物の女神の死体から穀物などが生じるという神話は世界各地で見られるもので、いったん枯れて種になってから芽生える、穀物の死と再生のサイクルを神話化したものと考えられる。

『日本書紀』では月読命（→P78）が保食神を殺す話となっており、太陽と月が別々に空に出る由来ともなっている。

DATA

別表記・別名	お祀りされている主な神社
大宜都比売神	**一宮神社** （徳島県徳島市）
属性	**王子稲荷神社** （東京都北区）
国津神	
御神徳	
五穀豊穣 **商売繁盛**	

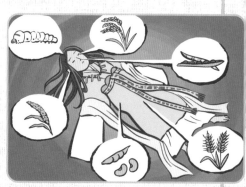

頭から蚕、目から稲、鼻から小豆、耳から粟、尻から大豆、女陰からは麦が生じた

年神といいつつ、実は穀物の神

大年神

[おおとしのかみ]

須 佐之男命の御子神。「大年神」の「年」は米などの穀物、あるいは穀物が実ることを示す言葉で、穀物の豊作をもたらす農業神であったと思われる。その御子の御年神（みとしのかみ）も同様の神様と考えられている。また、同じく御子神の聖神（ひじりのかみ）も、「日知りの神」で農耕暦を象徴する神様ではないかといわれている。

農耕は1年周期で行われることから、大年神は年月も司る神とも考えられるようになった。また、正月に家々を訪れて幸いをもたらす年神や、陰陽道（おんみょうどう）の神様でその年の福徳を司る歳徳神（としとくじん）と同一視されるようにもなった（→P154）。

稲荷（いなり）神社に祀られることが多い宇迦之御魂神（うかのみたまのかみ）は、大年神の妹神にあたる。

家族総出で
農作神グループ
なのだ

DATA

別表記・別名

御歳神

属性

国津神

御神徳

五穀豊穣
子授安産

お祀りされている主な神社

宅宮神社（えのみや）
（徳島県徳島市）

大年神社
（島根県江津市）

豊かな実りをもたらす女神

豊宇気毘売神

【とようけびめのかみ】

DATA

別表記・別名

豊受大神
（とようけおおかみ）
登由宇気神
（とゆうけのかみ）
豊宇迦能売神
（とようかのめのかみ）

属性

天津神

御神徳

五穀豊穣
商売繁盛

お祀りされている主な神社

櫻田神社
（さくらだ）
（東京都港区）
伊勢神宮外宮
（いせ）（げくう）
（三重県伊勢市）

食べ物は大切だからたくさん神がいるのですよ

名前が似ていたり性質が似ていたりするから混乱するにゃ

食物の女神。別名であげた女神たちも同様の性質をもっており、豊宇気毘売神と同一視されているが、同じ神様であるかは議論がある。

『古事記』は、豊宇気毘売神を火傷で苦しむ伊邪那美命の尿から生まれた和久産巣日神の御子神とする。この場面では活動などは語られていないが、邇邇芸命の天孫降臨の場面では、登由宇気神が度会（伊勢神宮外宮が鎮座する場所）に鎮座していると述べている。

ここから、豊宇気毘売神（登由宇気神）は外宮に祀られる豊受大神と同じ神様だとされてきたが、豊宇気毘売神と登由宇気神は別の神様で、豊宇気毘売神は豊受大神に食物を奉る神様だとする説もある。

伊邪那美命の死の原因となった火の神

迦具土神

[かぐつちのかみ]

正しくは火之迦具土神。伊邪那岐命・伊邪那美命の国生みで最後に生まれた神様。火の神であったため伊邪那美命は陰部を火傷し、苦しみながら死ぬ。悲しんだ伊邪那岐命は「愛しい妻を子の一人に代えてしまうとは」と言って泣き、迦具土神の首をはね、その血から建御雷神（→P84）などの神様が生まれている。

　こう書くと悪神のように思えてしまうが、迦具土神は火災を防ぎ、火の恵みを人々に与える神様として信仰されてきた。なお、『日本書紀』の本文には伊邪那美命が火の神を産んで死ぬ話はなく、三貴子と蛭子神（水蛭子神）を生んで国生み神話は終わる。火の神を産んで死ぬ話は、一書と呼ばれる別伝で語られている。

迦具土神を産んだことで死んだ伊邪那美命を追って、伊邪那岐命は黄泉の国へと迎えにいったのだが……（→P73）

DATA	
別表記・別名	御神徳
軻遇突智命 火之夜芸速男神（ひのやぎはやおのかみ） 火之炫毘古神（ひのかがびこのかみ） 火産霊（ほむすび）	火災消除 家内安全
	お祀りされている主な神社
属性	秋葉山本宮秋葉神社（あきはさんほんぐうあきは） （静岡県浜松市）
天津神	火男火賣神社（ほのおほのめ） （大分県別府市）

水の神
（闇淤加美神・闇御津羽神／水分神）
【くらおかみのかみ・くらみつはのかみ／みくまりのかみ】

『古事記』『日本書紀』の神話に登場する火の神は迦具土神（→P111）だけであるが、水の神は幾種類も登場する。これは人の生活との関わりの違いによるものと思われる。火は、煮炊きにしても火災にしても、燃えるという形でしか関わりがないのに対し、水は飲用や農業、水運とさまざまな関わり方がある。

闇淤加美神・闇御津羽神は、伊邪那岐命に斬られた迦具土神の血から生じた渓谷の水の神。『日本書紀』では高龗神とも呼ばれている。火傷で苦しむ伊邪那美命からも弥都波能売神という水の女神が生まれた。

水分神は分水嶺の神であるが、人々に水を分配する神様と信じられた。

闇淤加美神

闇御津羽神

私たち
闇淤加美神と
闇御津羽神は
双子の女神よ

DATA

別表記・別名

闇龗神
たかおかみのかみ
高龗神
みつはのめのかみ
弥都波能売神
みつはのめのかみ
（罔象女神）

御神徳

万物育成
心身清浄

お祀りされている主な神社

〈高龗神〉
きふね
貴船神社
（京都府京都市）

〈水分神〉
吉野水分神社
（奈良県吉野郡）

生活に結びついた自然の神様

志那都比古神／
金山毘古神

【しなつひこのかみ／かなやまびこのかみ】

志那都比古神

金山毘古神

DATA

別表記・別名

〈志那都比古神〉
級長津彦命
級長戸辺命
しな　と　べのみこと

属 性

国津神

御神徳

五穀豊穣
事業繁栄

お祀りされている主な神社

〈志那都比古神〉
風宮
かぜのみや
（三重県伊勢市、
伊勢神宮外宮別宮）
げくうべつぐう

〈金山毘古神〉
南宮大社
なんぐう
（岐阜県不破郡）

八百万の神
や　お　よろず
というくらい
いろいろな神が
いるのじゃぞ

日本には、火の神・水の神以外にも多くの自然の神様がいる。たとえば、志那都比古神は風の神、金山毘古神は金属の神である。ともに『古事記』に登場するが、その信仰は大きく違っている。

志那都比古神は伊邪那岐命・伊邪那美命の国生みの際に誕生した。風、とくに台風のような暴風は農業に大きな被害をもたらすので、ほどよく吹くように祈ることが重要とされ、朝廷の儀礼にも組み込まれていた。伊勢神宮には内宮・外宮の両方に級長津彦命を祀る別宮がある。
ないくう

金山毘古神は、火傷で苦しむ伊邪那美命の嘔吐物から生まれた。金属採掘や製鉄、鍛冶など、金属加工に関わる人々から信仰されてきた。

大山咋神

【おおやまくいのかみ】

DATA

別表記・別名

山末之大主神

属性

国津神

御神徳

事業発展
工事安全

お祀りされている主な神社

日吉大社
（滋賀県大津市）
松尾大社
（京都府京都市）

大山咋神の
神使はサルと
いわれているよ
（→P170）

年神（→P109）の御子神。この大山咋神について『古事記』は次のように述べている。「近江国の日枝の山に坐し、山城国の松尾に坐す、鏑矢を持つ（用いる）神である」

日枝の山とは比叡山のことで、松尾は松尾大社（京都市西京区）が鎮座している場所をいう。鏑矢は射ると音がする矢のことで、合図などに用いる。大山咋神は神徳を発揮する際に鏑矢を用いたり、鏑矢に化身したりすると考えられる。

平安遷都以前の京都を開発した秦氏が祀っていた神様で、遷都後は都を守る神様として朝廷からも崇敬された。醸造技術を広めたともいわれ、酒・味噌・醤油などの製造業者からも信仰されている。

伊弉諾尊に謎の一言を告げた女神

菊理媛神

【くくりひめのかみ】

菊理媛神は『日本書紀』の伊弉諾尊（伊邪那岐命）の黄泉の国訪問神話の1カ所にのみ登場する。しかも、謎めいた行動をしている。

　死んだ伊弉冉尊（伊邪那美命）を迎えに黄泉の国まで赴いた伊弉諾尊であったが、見るなと言われていた姿を見てしまったことから仲違いをしてしまう。伊弉冉尊が「国生みはもう終わったのだから地上には帰らない」と言ったとき、菊理媛神が現れて伊弉諾尊に何かを言うのである。これを聞いた伊弉諾尊は「誉めた」とあるが、肝腎の菊理媛神の言葉は書かれておらず、何を誉めたのかわからない。菊理媛神は禊を勧めたのではないかといわれており、ここから穢れを祓う女神としても信仰されてきた。

菊理媛神が2人の仲を取りもったという説もあり、縁結びの神様ともいわれている

DATA
属　性
国津神
御 神 徳
夫婦和合
女性の健康
お祀りされている主な神社
白山比咩神社
（石川県白山市）

一言主神

【ひとことぬしのかみ】

第21代雄略天皇の御代のこと。天皇が臣下を引き連れて葛城山を登っていると、向かいの山の尾根より天皇の一行と装束も人数もそっくりそのままの者たちが現れた。不審に思った天皇が、「倭の国で王は我一人であるのに、同じような格好をしているお前たちは誰だ」と問うと、向こうも同じように問い返してくる。怒った天皇は臣下に矢をつがえさせ、互いに名乗り合って射合おうと言った。

すると相手は「我は悪しきことも一言、良きことも一言で言い放つ神、葛城山の一言主神であるぞ」と答えた。神威を畏れた天皇は臣下の服を脱がせると、これを一言主神に奉って詫びの印とした。

『日本書紀』では
天皇と一緒に
狩りを楽しんだと
書かれているぞ

『日本霊異記』では
役小角（→P208）に
使役されたと
書かれているにゃ

DATA

属性	お祀りされている主な神社
国津神	葛城一言主神社（奈良県御所市）
御神徳	土佐神社（高知県高知市）
開運招福 諸願成就	

賀茂別雷神／
賀茂建角身神／
玉依媛命

【かもわけいかづちのかみ／かもたけつぬみのかみ／たまよりひめのみこと】

DATA

属性

天津神

御神徳

厄除け
落雷除け

お祀りされている主な神社

〈賀茂別雷神〉
賀茂別雷神社
（上賀茂神社、
京都府京都市）

〈賀茂建角身神、玉依媛命〉
賀茂御祖神社
（下鴨神社、京都府京都市）

第2章 神様図鑑

賀茂別雷神

賀茂建角身神

玉依媛命

> 息子が空に
> 上がったのは
> 酒を献じようとした父が
> 天上の神
> だったからよ

賀茂別雷神は上賀茂神社、賀茂建角身神・玉依媛命は下鴨神社の御祭神である。その由緒については『山城国風土記』などに記されている。

賀茂建角身神は八咫烏（→P172）として神武天皇の先導をしたのち、賀茂川の畔に行き、北山の麓に鎮座した。

その娘の玉依媛命が小川で遊んでいた

とき、赤く塗られた矢が流れてきた。これを持ち帰り寝床に置いたところ、間もなく妊娠し男子を産んだ。この子が大きくなった頃、賀茂建角身神は宴を催して多くの神々を招いた。そして男子に「自分の親に酒を献じろ」と言ったところ、男子は屋根を破って空に上がっていった。この男子が賀茂別雷神である。

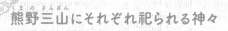
熊野大神
（家津美御子大神／熊野速玉大神／熊野夫須美大神）
【くまののおおかみ（けつみみこのおおかみ／くまのはやたまのおおかみ／くまのふすみのおおかみ）】

私たちは熊野権現とも呼ばれたぞ詳しくはP204を見てくだされ

熊野速玉大神

家津御子大神

熊野夫須美大神

DATA

別表記・別名

〈熊野大神〉
熊野坐神

〈家津御子大神〉
熊野加武呂乃命

御神徳

健康長寿

開運招福

お祀りされている主な神社

〈家津御子大神〉
熊野本宮大社
（和歌山県田辺市）

〈熊野速玉大神〉
熊野速玉大社
（和歌山県新宮市）

〈熊野夫須美大神〉
熊野那智大社
（和歌山県東牟婁郡）

　熊野三山とは、熊野本宮大社・熊野速玉大社・熊野那智大社のことで、「山」とあるが山岳のことではなく、聖地を意味している。

　この三山の主祭神、家津美御子大神（本宮）・熊野速玉大神（速玉）・熊野夫須美大神（那智）は『古事記』『日本書紀』の神話には登場しないが、それぞれ素戔嗚尊・伊弉諾尊・伊弉冉尊と同体とされてきた。また、その本地（仏としての正体）は阿弥陀如来・薬師如来・千手観音だという説も流布していた。

　熊野三山を参拝すると現世と来世の両方の御利益が得られると信じられ、上皇から庶民に至るまで多くの者が遠路を厭わず熊野詣をした。

暴れん坊な大国主神の御子神

阿遅鉏高日子根神

【あぢすきたかひこねのかみ】

　大国主神と宗像三女神（→P101）の多紀理毘売命の間に生まれた神様。『古事記』『日本書紀』では事代主神（→P87）が大国主神の長男的存在として扱われているが、本来は阿遅鉏高日子根神が後継者的存在だったと思われる。『古事記』には迦毛大御神という国津神には通例使われない大御神という敬称をつけた別称も載せていて、きわめて高い神格の神様であったことを示唆している。また、『出雲国風土記』にはヒゲが胸に垂れるほどの年齢になっても泣きわめいていたといった、須佐之男命と似た神話を載せている。『古事記』では弔問先で死者と間違われ、怒って喪屋（葬場）を蹴り飛ばしたとする。

DATA

別表記・別名

阿遅志貴高日子根神
味耜高彦根神
迦毛大御神

属性

国津神

御神徳

地域開発
五穀豊穣

お祀りされている主な神社

髙鴨神社
（奈良県御所市）
都々古別神社
（福島県東白川郡）

喪屋を蹴り飛ばしたのは死んだ友神と間違えられたからだ

119

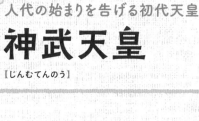

人代の始まりを告げる初代天皇

神武天皇

【じんむてんのう】

DATA

別表記・別名

神倭伊波礼毘古命
（かむやまといわれびこのみこと）
神日本磐余彦天皇
（かむやまといわれびこのすめらみこと）
神日本磐余彦火火出見尊
（かむやまといわれびこほほでみのみこと）

属性

天津神

御神徳

開運招福
事業繁栄

お祀りされている主な神社

橿原神宮
（奈良県橿原市）

宮崎神宮
（宮崎県宮崎市）

私は
天照大御神の
五世の孫と
いわれるぞ

鵜　葺草葺不合命（→P107）と玉依毘売命（→P105）の御子。

　兄たちとともに日向（今の宮崎県から鹿児島県付近）の高千穂宮に住んでいたが、天下を治めるのにふさわしい場所を求めて東へ進軍した。これを神武東征という。

　畿内に入ろうとしたところで那賀須泥毘古の抵抗に遭い、兄の五瀬命が戦死。迂回して熊野に上陸し、八咫烏の案内で大和に入り橿原宮で即位、初代天皇となった。この行軍は『日本書紀』が詳しく、長髄彦（那賀須泥毘古）との決戦で金色のトビが出現したなどエピソードも多く収録されている。

邇邇芸命(→P88)から
神武天皇誕生に至る
3世代を「日向三代」
というにゃ

十種神宝を持って降臨した物部氏の先祖

邇芸速日命

[にぎはやひのみこと]

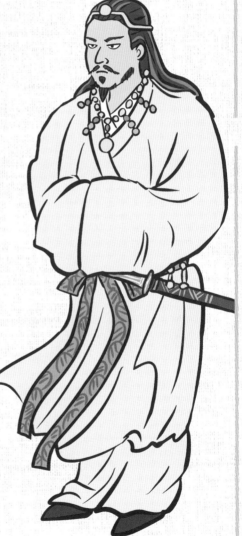

子孫の物部氏は
軍事を司る大豪族に
なったのじゃ

（物）部氏の祖神。天孫（邇邇芸命）の降臨（神武東征の意にとる説も）を知り、そのあとを追って天下ったという。那賀須泥毘古は邇芸速日命が天津神と知って帰順、その妹を妃として奉った。

那賀須泥毘古が神武天皇の東征に立ち塞がったことを知った邇芸速日命は、神武天皇が天孫の子孫であるかを確かめ、間違いないと知ると天皇に臣従した。ところが那賀須泥毘古は抵抗を続けたため、邇芸速日命はこれを討った。

物部氏の伝承を記した『先代旧事本紀』によると、邇芸速日命は降臨に際して死者も生き返るという神宝、十種神宝を携えてきたという（→P40）。

十種神宝を表した古図の模写

DATA	
別表記・別名	お祀りされている主な神社
櫛玉饒速日命 くしたまにぎはやひのみこと	**磐船神社** いわふね （大阪府交野市）
属性	**石切劔箭神社** いしきりつるぎや
天津神	（大阪府東大阪市）
御神徳	
諸病平癒 **諸願成就**	

健磐龍命

【たけいわたつのみこと】

阿蘇山に鎮座する阿蘇神社の主祭神。社伝によれば神武天皇の孫神で、天皇の命により阿蘇開拓のためこの地を訪れたという。その当時、カルデラは湖になっていたが、健磐龍命が外輪山を蹴破って水を流し、開墾地に変えたとされる。こうした神話からすると、元来は巨大な創世神であったのかもしれない。

健磐龍命には民話的な話もある。

健磐龍命は鬼八という鬼神を家来としていた。矢を射るのが好きだった健磐龍命は鬼八に矢を拾う役目をさせていたが、拾うのに疲れた鬼八は100本目の矢を蹴って返した。怒った健磐龍命がその首を斬ると、鬼八の霊は霜を降らすという祟りをなした。これを慰めるため、健磐龍命は霜宮を建てて祀ったという。

健磐龍命が外輪山を蹴って湖を排水したため、広大なカルデラで田畑がつくれるようになったという

DATA

別表記・別名

阿蘇大明神
あ そ だいみょうじん
阿蘇都彦命
あ そ つ ひこのみこと

御神徳

五穀豊穣
雷除け

お祀りされている主な神社

阿蘇神社
（熊本県阿蘇市）

桃太郎のモデルになった神様？

吉備津彦命

[きびつひこのみこと]

『日本書紀』によると、第10代崇神天皇は4人の武将（大彦命・武渟川別命、吉備津彦命、丹波道主命）を、まだ政情が不安定だった地方の平定のために派遣したという。これを四道将軍という。四道将軍は派遣された先でさまざまな伝説を残したが、なかでも有名なのが吉備津彦命である。

吉備津彦命が派遣された頃、吉備（今の岡山県周辺）には温羅という鬼の一族がいて人々を苦しめていた。吉備津彦命は激戦の末に温羅を討ったとされ、ここから昔話の桃太郎のモデルではないかともいわれる。吉備地方には、温羅の城跡など、吉備津彦命と温羅の戦いにまつわる神社・史跡が今も点在する。

DATA	
別表記・別名	お祀りされている主な神社
大吉備津彦	吉備津神社 （岡山県岡山市）
御神徳	吉備津彦神社 （岡山県岡山市）
諸難消除 必勝不敗	

吉備津彦命は2本の矢を同時につがえて、温羅を倒したという

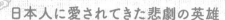

日本人に愛されてきた悲劇の英雄

倭建命

【やまとたけるのみこと】

後世には
私が主人公の
コンテンツが
たくさんできたぞ！

DATA

別表記・別名

日本武尊
（やまとたけるのみこと）

小碓命
（やまとおぐなのみこと）

倭男具那命

（日本童男）

御神徳

必勝祈願

縁結び

お祀りされている主な神社

建部大社
（たけべ）
（滋賀県大津市）

大鳥大社
（おおとり）
（大阪府堺市）

焼野をなぎ払う倭建命

もともとは天叢雲剣という名の
剣だったが、草をなぎ払ったことで
草薙剣という名前になったという

この伝説が「焼津」（静岡県焼津市）
という地名の由来とされる

駿河国（静岡県）で敵にだまされ、草むらのなかで四方から火をつけられた。このとき、草薙剣で草をなぎ払い、火打ち石で逆に敵に向かって火を放ち、窮地を脱した

父である第12代景行天皇の命により、各地の反抗的な神や部族を討伐した英雄。本来の名は小碓命であるが、九州の熊曽建（熊襲梟帥）兄弟を討った際に、その武勇を讃えた弟の熊曽建より倭建命の称号を与えられた。

熊曽を討ったあと、出雲建も倒して都に戻った倭建命であったが、天皇は続いて東方への遠征を命じた。たび重なる遠征を憂えた倭建命は、伊勢神宮に仕えていた叔母の倭比売命に泣いて不満を訴えたと『古事記』は語る。倭比売命は護

身のためにと草薙剣と火打ち石を授け、遠征に送り出した。

この神器により倭建命は草原での焼き討ちを退けた。海の神の祟りに遭ったときも妃の弟橘比売の犠牲により乗り越えた。しかし、草薙剣を尾張の美夜受比売のもとに置いて伊吹山に討伐に向かったところ、病に倒れ薨去した。

倭建命の伝承を伝える場所は九州から東北にまで及び、古くから日本人に愛されてきた英雄神だと知ることができる。

夫に代わって新羅に遠征した皇后

神功皇后
【じんぐうこうごう】

DATA

別表記・別名

息長帯比売命
（気長足姫尊）

御神徳

安産子育
必勝祈願

お祀りされている主な神社

宮地嶽神社
（福岡県福津市）
御香宮神社
（京都府京都市）

> 私は事実上の
> 最初の女帝とも
> 最初の摂政とも
> いわれるのよ

第14代仲哀天皇の皇后、第15代応神天皇（→P128）の母であるが、『日本書紀』はほかの天皇同様1巻を充てており、事実上の女帝といえる。なお、神功皇后という名は神武天皇などと同じ漢風諡号（死者に贈る中国風の名）で、使われるようになったのは奈良時代以降。記紀では息長帯比売命（気長足姫尊）と呼ばれている。

熊曽討伐のため仲哀天皇とともに筑紫まで遠征していたが、天皇が神のお告げを疑って崩御したため、自ら新羅へ遠征、住吉神などの援助も得て大勝利を得た。遠征のとき妊娠していたが、石で産気を押さえ、帰国後に応神天皇を出産したという。その後、皇子の摂政を長く務めた。

5代の天皇に仕えた大臣

武内宿禰命

【たけのうちのすくね（たけしうちのすくね、たけうちのすくね）のみこと】

忠臣であるわしは
5種類の紙幣の
肖像になったのじゃ

　非常な長寿を保って5代の天皇（景行・成務・仲哀・応神・仁徳）に仕えたとされる伝説の功臣。各天皇の御代にエピソードがあるが、よく知られているのは仲哀天皇・神功皇后の時代のものである。

　仲哀天皇が熊曽討伐のため筑紫を訪れていた際、神のお告げを受けることになった。このとき、天皇は神を呼び喜ばすための琴を弾き、皇后は神を憑依させてお告げを述べる役、武内宿禰はそのお告げを解釈する沙庭（審神者）を務めたという。また、神功皇后の新羅遠征にも随行したとされる。

　『因幡国風土記』には360余歳のときに因幡国（鳥取県東部）を訪れ、履だけを残して姿を消したと記されている。

┌─────────────────┐
　　　　　D A T A

　　　　別表記・別名

　　　建内宿禰命

　　　　御 神 徳

　　　健康長寿
　　　立身出世

　お祀りされている主な神社

　　　宇倍神社
　　　（鳥取県鳥取市）
└─────────────────┘

何人かの忠臣のイメージが
統合された人物像だという
説もあるにゃ

お祀りする神社がもっとも多い神様

八幡神

【はちまんしん（やはたのかみ）】

このような武人の姿のほかP176のように僧侶の姿で描かれることもあるぞ

DATA

別表記・別名

応神天皇
品陀和気命
誉田別尊

御神徳

必勝祈願
出世開運

お祀りされている主な神社

宇佐神宮
（大分県宇佐市）
石清水八幡宮
（京都府八幡市）

応神天皇の誕生

妊娠中だった神功皇后は、お腹に石を入れて冷やし、新羅遠征が終わるまで出産を遅らせたという

皇后の新羅遠征に従い、のちに応神天皇にも仕えた武内宿禰命（→P127）

神功皇后（→P126）が新羅遠征から帰る途中、筑紫国で出産した御子が品陀和気命（応神天皇）だ

　八幡神と、次頁で取り上げる稲荷神は『古事記』『日本書紀』には登場しない。にもかかわらず、両神を祀る神社が、数のうえでは1、2を争っている（神社は数え方によって数が異なるので、単純にどちらが多いとはいえない）。

　八幡神と稲荷神の神社が多いのは、記紀神話の神様は特定の氏族や地域の住人との結びつきが強かったのに対し、八幡神・稲荷神は出自に関係なく恵みをもたらすと信じられたことによると思われる。

　八幡信仰の始まりは大分県の宇佐神宮が鎮座するところとされる。『古事記』『日本書紀』が成立した頃はまだ地域的な信仰であったが、仏教と結びつくことで朝廷にも知られるようになった。

　さらにはその正体が応神天皇だという信仰が広まり、皇祖神としても崇敬されるようになった。貞観元年（859）に石清水八幡宮が創建されると、朝廷の守護神としての地位を得た。さらに源氏が氏神としたことから武士の間に信仰が広まり、全国に分社が増えていった。

稲荷神

【いなりしん】

わしのような
老人以外に
女神の姿で表される
こともあるぞよ
（→P166）

DATA

別表記・別名

伊奈利神

御神徳

**五穀豊穣
商売繁盛**

お祀りされている主な神社

伏見稲荷大社
（京都府京都市）
笠間稲荷神社
（茨城県笠間市）

伏見稲荷大社創建の説話

裕福だった秦伊呂具が餅を弓矢の的にして射たところ、餅が
白鳥の姿に変わって山の峰に飛んでいった。そこに稲が「成
り生ひ」たため、社を建てて名前を「イナリ」にしたと伝わる

秦氏は、朝鮮半島から渡来
したとされる古代の有力氏族。
絹織物や土木工事などの技術を
伝え、松尾大社や広隆寺の
創建にも関わったとされる

稲荷神を祀る神社は、伏見稲荷大社や志和稲荷神社、祐徳稲荷神社のような大社も少なくないが、路傍の祠のような小さな社が全国各地にあるところに最大の特徴がある。

実は、稲荷神社にはさまざまな系統のものがある。伏見稲荷大社を総本宮とする神道系がもっとも多いが、豊川稲荷・最上稲荷などの仏教系も少なからずあり、民間信仰に由来する社もある。神道系の稲荷神社でも祭神は一様ではなく、宇迦之御魂神（倉稲魂神）のほか豊宇気毘売神、保食神などのことがある。

これは伏見稲荷大社から広まった稲荷信仰が、各地の田の神信仰を吸収するとともに、仏教教団などでも独自の信仰が派生したことによると思われる。

『山城国風土記』によると、稲荷信仰の始まりは秦氏の祖先・秦伊呂具が餅を的に矢を射たことにあるという。餅の的は鳥となって三ヶ峰に飛び、そこに稲が生じたので神様を祀った。これが今の伏見稲荷大社の始まりだとされる。

都を震え上がらせた怨霊から学問の神様へ

菅原道真公（天神）

【すがわらのみちざねこう（てんじん）】

「東風吹かば
にほひおこせよ　梅の花
主なしとて春な忘れそ」
というわしの歌も
有名じゃな

DATA

別表記・別名

天満天神
天満大自在天神

属性

人神

御神徳

学芸上達
立身出世

お祀りされている主な神社

北野天満宮
（京都府京都市）
太宰府天満宮
（福岡県太宰府市）

道真の祟りといわれた「清涼殿落雷事件」

雷を落とした雷神は、
道真の眷属（けんぞく）とも、
道真自身だともいわれる

延長8年6月26日の「清涼殿落雷事件」によって、道真の怨霊は雷と結びつけられるようになった。道真の祟りを鎮めようと、もともと火雷神を祀っていた京都・北野の地に建立されたのが北野天満宮である

菅原道真（845〜903）は平安前期に実在した文人政治家。漢詩などの才能を高く評価される一方、政治家としての能力も高く、宇多天皇に抜擢され右大臣にまで出世した。

しかし、急速な出世を妬まれ、嘘の告発により大宰府に左遷されてこの地に没した。ちなみに、太宰府天満宮はその墓所に創建された、と伝わる。

その直後から都では異変が続き、道真の追い落としに関わった藤原菅根（ふじわらのすがね）や時平（ときひら）らの死が続いた。延喜23年（923）に道真の復権がなされたが、祟りはやまず、延長8年（930）には宮中の清涼殿に落雷があり死傷者が出た。そして、その3カ月後には醍醐天皇（だいご）も崩御した。

すでに民間では道真を祀ることが行われていたので、これを追認する形で京の北野に神社が創建された。当初は祟りを鎮めるための祭祀であったが、しだいに無実の罪をはらす神様として信仰されるようになり、さらには学問や文芸の神様としての信仰が広まっていった。

平将門公

【たいらのまさかどこう】

平将門（903?～940）も、菅原道真（すがわらのみち
ざね）同様、怨霊から崇敬される神様
に変貌した人神。しかし、この信仰に特
徴的なのは、将門の霊を祀る神田神社（神
田明神）や國王神社などが信仰を集めて
いる一方で、将門の乱を鎮定したとされ
る社寺もまた、多くの参拝者を集めて
いることである。これは、将門が起こ
した乱が日本社会に与えたインパ
クトの大きさの反映だと思われる。

　親族間の所領争いから軍を起こした将
門は、短期間で関東を掌握、新皇を称し
た。これに都の貴族たちは、将門の軍が
都まで攻め入るのではないかと恐怖した。
その恐れが調伏した社寺への崇敬となり、
討伐された将門の霊への畏怖（いふ）となって今
に続いているのである。

討死した将門の首は京都に送られてさらし首となったが、何カ
月たっても目を見開いたままだったという

DATA

別表記・別名
国王大明神（こくおうだいみょうじん）

属性
人神

御神徳
勝運向上
諸難消除

お祀りされている主な神社
神田神社
（神田明神、東京都千代田区）
國王神社
（茨城県坂東市）

流刑地で憤死した悲劇の上皇

崇徳上皇

【すとくじょうこう】

DATA
別表記・別名
崇徳院 讃岐院（さぬき）
属性
人神
御神徳
武芸上達 上昇気運
お祀りされている主な神社
白峯神宮（しらみね） （京都府京都市） 金刀比羅宮（こと　ひらぐう） （香川県仲多度郡）

第2章　神様図鑑

崇徳上皇は憤死する際、「日本国の大魔縁となり……」と血で書き記し、崩御するまで爪や髪を伸ばして夜叉（やしゃ）のような姿になったという

菅原道真・平将門・崇徳上皇を日本三代怨霊と呼ぶことがある。しかし、道真と将門は、悲劇的な最期を迎えることになったとはいえ、自らの力で運命を切り開いた面もあるのに対し、崇徳上皇は生まれながらにして悲惨な生涯が運命づけられていた面があり、その悲劇性は深い。

崇徳上皇（1119～1164）は、第74代鳥羽天皇（とば）の皇子で5歳のときに即位して第75代天皇となったが、父の意向で22歳のときに弟に譲位させられた。その後も皇位継承で苦汁を飲まされ、保元の乱を起こすに至った。しかし、敗れて讃岐に流罪となり、この地で憤死。その後、霊を祀る社が建てられた。慶応4年（1868）には、明治天皇により京に神霊が迎えられ、白峯神宮が創建された。

人を神様として祀るきっかけとなった親王

御霊（崇道天皇など）

【ごりょう（すどうてんのう）】

死んだときは
親王だったが
神として祀られた際に
「崇道天皇」を追称
されたのじゃ

兄の桓武天皇に
無実を訴えるために
絶食して没したとも
いわれているにゃ

DATA

属性
人神

御神徳
厄払い **病気平癒**

お祀りされている主な神社
御霊神社 （上御霊神社、京都府京都市）
下御霊神社 （京都府京都市）

「御霊」という言葉は読み方によって意味が大きく変わる。「みたま」と読むと神社などで祀られている神霊、あるいは死者の魂の意味になるが、「ごりょう」と読むと、疫病を流行させるなどして人々に祟る、怨みをもって死んだ者の霊のことになる。

こうした御霊信仰（→P206）は8世紀頃より盛んになった。その背景には、平城京などの都市の出現により疫病が流行しやすくなったことがあるとされる。なかでも恐れられたのが、暗殺事件への関与を疑われて死んだ崇道天皇（早良親王、750〜785）ら6人であった。

朝廷は、祟りを鎮めるため大規模な御霊会を行い、御霊を神社に祀った。これ以降、人を神様として祀るようになったとされる。

『平家物語』で語られる悲劇の幼帝

安徳天皇

【あんとくてんのう】

第81代安徳天皇（1178〜1185）は、第80代高倉天皇と平清盛の娘・徳子（建礼門院）の間に生まれた皇子。もっとも短命な天皇であり、戦乱で命を失った唯一の天皇でもある。

わずか3歳で即位させられた背景には、平家一門、とくに清盛の大きな期待があった。しかし、即位の翌月には以仁王の乱が起こっており、平家の凋落は目前に迫っていた。

実際、寿永2年（1183）、木曽義仲の入京により平家は西海へ落ち延びることとなり、安徳天皇も母や祖母の平時子と同道した。そして、寿永4年（1185）の壇ノ浦の戦いの際に、時子に抱かれて入水。8歳であった。

享年8歳は数え年だから今でいうと6歳4カ月だったんだ……

DATA

属性

人神

御神徳

水難除け
安産祈願

お祀りされている主な神社

赤間神宮
（山口県下関市）

大工からも崇敬されていた聖人

聖徳太子

【しょうとくたいし】

DATA

別表記・別名

上宮之厩戸豊聡耳命
かみつみや の うまやどのとよ と みみのみこと

厩戸豊聡耳皇子命
うまやどのとよ と みみのみ こ このみこと

属性

人神

御神徳

学問成就

立身出世

お祀りされている主な神社

聖徳太子神社
（栃木県栃木市）

聖徳太子神社
（福島県福島市、
福島稲荷神社境内社）

大工のシンボル・曲尺を持った子どもの姿で描かれることもありますよ

聖徳太子（574~622）は第31代用明天皇の皇子。第33代推古天皇の摂政として、冠位十二階・十七条憲法の制定など政治システムの刷新を進めるとともに、大陸の文化を積極的に取り入れて日本の国際的地位の向上に貢献した。

仏教の受容をめぐって蘇我馬子とともに物部守屋と戦った話が有名なため、聖徳太子というと仏教の印象が強い。実際、四天王寺や法隆寺など太子創建と伝わる寺院は多いが、奈良県の飽波神社や龍田神社など太子創建とされる神社もある。

また、太子は工匠の祖ともされ、大工や指物師などから崇敬され祀られてきた。

日本のお札に一番多く登場した人物でもあるにゃ

138

閻魔大王の代理も務めた公務員?

小野篁公

【おののたかむらこう】

小野妹子の子孫とされる小野氏には、不思議な力を発揮する人が多かったようだ。和歌を詠んで雨を降らせたという小野小町もその一人であるし、生きたまま地獄と現世を行き来したという小野篁(802〜852)もそうだったとされる。

篁は漢詩の才に優れた文人政治家で、遣唐副使に任じられながら乗船を拒否して左遷されたこともあったが、その後は順調に出世している。

説話のなかでは、京都・東山の六道珍皇寺の井戸から地獄に行き、閻魔大王の臣下として亡者の裁きに関わったなどと、篁は、半ば異界に住む人物として描かれている。また、友人に百鬼夜行を見物させたという話も伝わっている。

DATA	
別表記・別名	御神徳
野相公(野宰相) 参議篁	学芸上達 事業発展
属性	お祀りされている主な神社
人神	小野照崎神社 (東京都台東区) 小野神社 (東京都町田市)

篁が地獄の閻魔庁に勤めていたという伝説は、『今昔物語』などにみえる

藤原道長も頼った最強の陰陽師

安倍晴明公

【あべのせいめいこう】

　安倍晴明（921〜1005）は、平安中期に実在した陰陽師。陰陽師、とくに晴明は呪術で妖怪や怨霊と戦ったり、呪いを祓ったりするイメージが強いが、実際の陰陽師は中務省に属する国家公務員で、暦や天文観測、占いなどに基づいて気象の変化や天変地異、疫病の流行などを予測し、国家や皇族・貴族の安全を守るのを任務としていた。晴明も真面目な公務員であったようだ。

　しかし、天皇や藤原道長などの権力者から信頼されていたことも事実で、一条天皇や藤原行成の延命のために泰山府君祭を行ったことが記録に残っている。こうしたことから後世神格化され、霊狐の子どもといった伝説も生まれた。

伝説では、晴明の母は葛の葉という名の霊狐とされる。正体が露見して森へ帰ることになり、「恋しくば たづねきてみよ 和泉なる 信太の森の うらみ葛の葉」という歌を書き残したという

DATA

属性

人神

御神徳

開運招福
厄除・除災

お祀りされている主な神社

晴明神社
（京都府京都市）

安倍晴明神社
（大阪府大阪市、
阿倍王子神社飛び地境内社）

律令国家の確立に貢献した大氏族の始祖

藤原鎌足公

【ふじわらのかまたりこう】

DATA

別表記・別名

中臣鎌足
（なかとみの）

大織冠
（たいしょくかん）

属性

人神

御神徳

立身出世
縁結び

お祀りされている主な神社

談山神社
（たんざん）
（奈良県桜井市）

忍陵神社
（しのぶがおか）
（大阪府四條畷市）

のちに一大勢力となった藤原氏は私が「藤原」の姓を賜ったことに始まるのだよ

児屋命（→P93）の項で、中臣氏は朝廷の神事を司る家柄であったと述べたが、時代が下るにしたがって、神事だけではなく政治にも深く関与していくようになった。しかし、政権の中枢を担う氏族となるのは中臣鎌足（614〜669）の登場以降のことである。

その画期をなしたのが乙巳の変、当時専横を極めていた蘇我入鹿を中大兄皇子（天智天皇）とともに倒した事件であった。さらに大化の改新に貢献したことなどから、藤原の姓と最高位の冠位・大織冠が授けられた。

その遺体は、中腹に談山神社が鎮座する御破裂山に埋葬された。天下に異変があるときはこの山が鳴動すると伝わる。

怪僧・道鏡から皇位を守った功臣

和気清麻呂公

【わけのきよまろこう】

DATA

別表記・別名	御神徳
護王大明神	学芸上達
属性	事業発展
人神	お祀りされている主な神社
	護王神社
	（京都府京都市）
	和氣神社
	（岡山県和気郡）

和気清麻呂（733〜799）は奈良時代末から平安初期にかけて活躍した公卿（政治を担った高位の貴族）で、平安時代の基礎を築いた人物といえる。

清麻呂は乱の鎮定など多くの事績を残しているが、なかでも重要なのは、弓削道鏡による皇位簒奪を防いだことにある。道鏡は宇佐神宮に託宣があったとして皇位に就こうとしたが、清麻呂は宇佐神宮に参籠して神意を確認し、その野望をくじいた。怒った道鏡は清麻呂の足の腱を切って流罪にした。このとき、イノシシが守護したことからイノシシが神使となっており、のちに腱も癒えたことにより足腰守護の神様ともされる。

宇佐神宮で清麻呂は、「この国の天皇には必ず皇室の方を立てよ。道鏡は早く排除しなさい」との神託を受けたという

親政の世を願って行動を起こした天皇

後醍醐天皇

【ごだいごてんのう】

後醍醐天皇（1288〜1339）は、武士に奪われていた政権を取り戻し、天皇親政を復活させることを悲願とした天皇であった。いうなれば王政復古であり、その意味では明治維新と同じ目標をもっていたといえる。

しかし、明治天皇とは異なり、後醍醐天皇は自ら前面に立って政治や戦いの指揮をした。政策や戦闘に直接関わっていたということでいえば、古代の天智・天武天皇に近い。

しかし、あまりに積極的に活動したため、隠岐に流罪になった。それでも懲りずに政権奪還を目指して都に帰還、足利尊氏・楠木正成らの力を借りて、一時は政権奪還に成功した。

DATA

別表記・別名

吉野院

属性

人神

御神徳

学芸上達
諸願成就

お祀りされている主な神社

吉野神宮
（奈良県吉野郡）

親政が崩壊したあと
足利尊氏と対立して
吉野に行き
南朝を開いたのだ

理想の武士の姿とされた南朝の功臣

楠木正成公／新田義貞公

【くすのきまさしげこう／にったよしさだこう】

楠木正成（？〜1336）・新田義貞（1301〜1338）は、ともに後醍醐天皇の倒幕と建武の新政を支えた武将で、建武の元勲とも呼ばれる。

楠木正成の出自は不詳だが、当初は鎌倉幕府側の武将であった。しかし、後醍醐天皇の挙兵に呼応して幕府軍と対峙、ゲリラ戦を駆使して奮戦した。新田義貞は今の群馬県出身の武将で、倒幕に大きな功績を残し、後醍醐軍の事実上の総大将となった。ともにすぐれた武将であったが、各地の武士を糾合した足利尊氏の軍に敗れ戦死（自死）した。

神格化が進んだのは南朝を正統とする水戸学が普及した江戸時代で、忠誠を尽くした理想の武士として崇敬された。

楠木正成

新田義貞

ともに
建武の新政を
樹立した我々を
足利尊氏は
裏切ったのだ

DATA

別表記・別名

〈楠木正成公〉
橘 正成（たちばなの）

〈新田義貞公〉
源 義貞（みなもとの）

属性

人神

御神徳

難関突破

開運招福

お祀りされている主な神社

〈楠木正成公〉
湊川神社（みなとがわ）
（兵庫県神戸市）

〈新田義貞公〉
藤島神社
（福井県福井市）

自ら神となると決めた天下人

豊臣秀吉公

【とよとみひでよしこう】

> 天皇に
> なれないなら
> 神になれば
> いいじゃないか

DATA

別表記・別名
羽柴秀吉 豊国大明神

属性
人神

御神徳
出世開運 良縁成就

お祀りされている主な神社
豊国神社 （京都府京都市） 大阪城豊國神社 （大阪府大阪市）

> 関白に
> なっただけじゃ
> 足りなかったんだ
> にゃ

　祟りを恐れたためにせよ、功績を称えるためにせよ、人が神として祀られるのは死んだのちのことだ。しかし、豊臣秀吉（1537〜1598）は神になることを想定して、自らの祀り方を家臣らに伝えていたという。

　そもそも秀吉は自分が神仏より偉いと考えていた節がある。秀吉の養女がキツネ憑きになったときに、伏見稲荷大社に対して、即刻に快癒させないと全国のキツネを根絶やしにすると、命令したことがあるくらいだ。神仏さえも自分の命令をきくべきと信じていたのだろう。

　秀吉の死後、廟を拝むように豊国神社が建てられたが、豊臣家の滅亡により一時廃絶。明治の初めに再興された。

別表記・別名

東照大権現

属性

人神

御神徳

事業拡大
開運招福

お祀りされている主な神社

日光東照宮
（栃木県日光市）
久能山東照宮
（静岡県静岡市）

幕府の権威で全国に信仰が広まった

徳川家康公

【とくがわいえやすこう】

江戸城の
真北に位置する
日光からずっと
見守っているぞ

日光東照宮には
「眠り猫」っていう
有名なネコが
いるらしいにゃ

徳川家康（1542〜1616）も豊臣秀吉同様に、死後に神として祀られることを考えていたと思われる。それは「我が遺体は久能山に納め、葬式は増上寺で行い、位牌は大樹寺に立て、一周忌を過ぎたなら日光に小さな堂を建てて我が神霊を勧請せよ。関八州（関東のこと）の鎮守となろう」という遺言の言葉から

も推察される。

家康の神号「東照大権現」は「東を照らす神」という意味で、遺言の「関八州の鎮守となろう」に沿ったものとされるが、「東の天照大御神」の意も込められていて、天下統一の覇者であることも示しているとも考えられる。東照宮という社号もきわめて高い格式のものである。

信心深かった戦国大名が神格化

武田信玄公／上杉謙信公

【たけだしんげんこう／うえすぎけんしんこう】

甲斐の武田信玄、越後の上杉謙信、いずれも戦国時代を代表する猛将であり大名である。その生涯は戦いの連続であったが、2人とも信心深かったことでも知られている。

信玄の軍旗には諏訪大社への信仰を示す「南無諏訪南宮法性上下大明神」の文字が書かれていたし、戦の前には諏訪大社で籤を引き、戦勝を祈願している。謙信は毘沙門天を信仰しており、戦には「毘」の旗印を用いていた。川中島の決戦の前には武水別神社に祈願もしている。

両者ともに家臣から慕われていたことも共通する。神社に祀られるようになるのは明治以降であるが、それ以前から神格化はされていた。

我々は
家臣から人気が
あったが後世でも
人気者らしいぞ

上杉謙信

武田信玄

DATA

別表記・別名

〈武田信玄公〉
武田晴信
徳栄軒信玄

〈上杉謙信公〉
上杉輝虎
不識庵謙信

属性

人神

御神徳

必勝祈願
事業隆昌

お祀りされている主な神社

〈武田信玄公〉
武田神社
（山梨県甲府市）

〈上杉謙信公〉
上杉神社
（山形県米沢市）

謎のベールに包まれた歌聖

柿本人麻呂公

【かきのもとのひとまろこう】

柿本人麻呂（生没年不詳）は『万葉集』の代表的な歌人。『古今和歌集』の「仮名序」に「柿本人麻呂なむ、歌の聖なりける」と書かれたことなどから、和歌の神様として崇敬されてきた。

『万葉集』に長歌19首、短歌75首を載せている一方、正史にはその名前が記されておらず、その生涯は謎に包まれている。『百人一首』の「あしびきの山鳥の尾のしだり尾の　ながながし夜をひとりかも寝む」という歌がよく知られているが、人麻呂の作ではないとする説が有力になっている。

古来、歌道を志す人から信仰されてきたが、人麻呂が「火止まる」に通じることから火防の神様としての信仰もある。

多くの国学者や歌人がわしの正体を考察したが　謎は深まるばかりじゃ

DATA

属性

人神

御神徳

文芸上達
火難消除

お祀りされている主な神社

柿本神社
（兵庫県明石市）

高津柿本神社
（島根県益田市）

農村立て直しの才能が認められて近代の偉人に

二宮尊徳翁

【にのみやたかのりおう】

DATA

別表記・別名

二宮金次郎
（きんじろう）

属性

人神

御神徳

事業発展
諸願成就

お祀りされている主な神社

報徳二宮神社
（ほうとく）
（神奈川県小田原市）

報徳二宮神社
（栃木県日光市）

かつては多くの小学校で見られた二宮金次郎の像。近年、「歩きスマホ」を肯定しかねないとの懸念から、座って本を読む像もつくられた

二宮尊徳（金次郎、1787〜1856）というと思い出されるのが、薪を背負って読書する少年像だろう。これは、洪水によって失われた屋敷や田畑を再興するために、過酷な労働を重ねつつも、勉学を続けていた様子を表している。

こうした努力はやがて実を結び、自らの家を復興しただけではなく、近隣の農村などの再生事業も任されるようになった。尊徳が立て直しに携わった農村は600を超えるという。

晩年にはその教えに共感・師事する者が増え、報徳社という結社がつくられた。この報徳社を通じてその思想は広く伝えられ、日本を代表する偉人として教科書にも記されるようになった。

その他の人神
（藤原秀郷公／清原頼業公／吉田松陰先生）
【ふじわらのひでさとこう／きよはらのよりなりこう／よしだしょういんせんせい】

DATA

別表記・別名

〈藤原秀郷公〉
俵藤太
（たわらとうた）

〈清原頼業公〉
車折明神
（くるまざきみょうじん）

〈吉田松陰先生〉
吉田寅次郎
（よしだとらじろう）

属性

人神

御神徳

諸難消除
学芸上達

お祀りされている主な神社

〈藤原秀郷公〉
唐澤山神社
（からさわやま）
（栃木県佐野市）

〈清原頼業公〉
車折神社
（京都府京都市）

〈吉田松陰先生〉
松陰神社
（東京都世田谷区）

牛車の轅（ながえ）が折れたので車折神社（くるまざき）なのです

清原頼業

藤原秀郷

吉田松陰

江戸時代には藩祖や芸能などの祖も祀られるようになったので、神様として祀られている人は意外に多い。ここでは少し特殊な例を3つ紹介する。

藤原秀郷（生没年不詳）は平安中期の武将。平将門（たいらのまさかど）を討ったことで知られるが、大ムカデを退治した話も有名で『太平記』などに記されている。

清原頼業（1122～1189）は平安後期の貴族で儒学者。「神のような才」と称された。その廟（びょう）がのちに神社とされ、前を通る牛車の轅が神威で折れたという。

吉田松陰（1830～1859）は幕末の思想家。松下村塾（しょうかそんじゅく）をつくって伊藤博文（いとうひろぶみ）・山県有朋（やまがたありとも）などの人材を育てた。維新の精神的指導者として崇敬されてきた。

福神となった漁師の神様

恵比寿神

[えびすしん]

びす（ゑびす）」という神様の名は『古事記』『日本書紀』には出てこない。その信仰の起源は両書が編纂された頃までさかのぼる可能性があるが、主に漁師の間での信仰であったので記録には残らなかったものと思われる。

その後、市でも祀られるようになったことから商売の神としても信仰されるようになり、中世には大黒天とともに福神（財福をもたらす神）として商家などにも祀られるようになった。

なお、神社で祀られる際には『古事記』『日本書紀』に登場する神様と同一視することが多いが、水蛭子神（→P79）とする場合と、事代主神（→P87）とする場合がある。

七福神（→P160）になったりビールの名前になったりわしは人気者だのう

DATA

別表記・別名

恵比須
恵美須
夷
戎
蛭子
ゑびす

属性

民間信仰

御神徳

大漁豊漁
商売繁盛

お祀りされている主な神社

西宮神社
（兵庫県西宮市）
美保神社
（島根県松江市）

道祖神

【どうそじん】

DATA

別表記・別名

塞の神
道陸神
岐神

属性

民間信仰

御神徳

諸難消除
夫婦和合

お祀りされている主な神社

道祖神社
（京都府京都市）
猿田彦神社
（道祖神社、奈良県奈良市）

ほかにも
男根形の自然石や
文字だけの石碑
などもあります

　道祖神は集落などに悪霊や疫病などが入り込まないように守る神様で、辻などに石像が立てられる。別名の塞の神は「（悪しきものを）さえぎる神」の意味。また、『日本書紀』では、黄泉の国から逃げ帰った伊弉諾尊（伊邪那岐命）が雷神を黄泉の国から出さないように投げた杖のことを岐神と呼んでおり、

「もとの名を来名戸の祖神」としている。男女の神が手をつないだり抱き合ったりした像で知られているが、古くは男女の性器の形をしたものもあった。

　多くは露天で祭祀される神であるが、神社で祀られることもある。この場合、猿田毘古神（→P90）と同一視されることがある。

道教が由来の民間信仰から神道化

庚申（青面金剛）
［こうしん（しょうめんこんごう）］

　庚申は道教由来の信仰。「庚申」は神様の名前ではなく、祭祀を行う日をいう。この信仰によれば、人間の体の中には三尸という3種の霊的な虫がいて、その人の行動を見張っている。そして、60日に1度訪れる庚申の日に、人間の体を抜け出して天に昇り、天帝にその人の悪事を報告するという。

　そこで庚申の夜は、三尸が抜け出さないように夜通し起きていて話をしたり飲食をしたりする。これを守庚申という。この守庚申では青面金剛などが祀られる。

　日本では、10世紀には宮中で行われていた。また、江戸初期には神道家の山崎闇斎が守庚申に猿田毘古神を祀ることを主張し、神道化した信仰も広まった。

頭の中にいる「上尸」（右）、腹の中にいる「中尸」（中）、足の中にいる「下尸」（左）を合わせて三尸という

DATA		
属性		
外来信仰		
御神徳		
延命長寿		
無病息災		
お祀りされている主な神社		
庚申神社		
（埼玉県さいたま市）		
庚申社		
（福岡県直方市）		

お正月に幸いとともにやって来る神様

年神（歳徳神）

【としがみ（としとくじん）】

　年神は元日（大晦日）に各家を訪れて福をもたらす神様のこと。門松や鏡餅はこの年神を迎えるための依り代と考えられ、おせち料理も年神への供物に由来すると考えられる。

　歳徳神と呼ばれることもあるが、歳徳神はその年の福徳を司るとされる陰陽道の神様で、年神とは本来別の神様である。

　ちなみに、歳徳神は居場所を毎年変えるとされ、その年にいる方位を恵方という。

　年神は『古事記』に登場する大年神（→P109）とも別の神様であるが、年神は田の神の性質ももつので、穀神である大年神とは類似の神様ともいえる。

　年神は地域によって信仰が異なり、祖霊と考えるところもある。

節分に食べる「恵方巻」は私がいるほうを向いて食べるのだよ

DATA

別表記・別名

お正月様

属性

民間信仰

御神徳

**家内安全
一家繁昌**

お祀りされている主な神社

歳徳神社
（栃木県宇都宮市）
歳徳神社
（兵庫県姫路市）

家の中で台所を守る神様

荒神／竈神

【こうじん／かまどがみ】

DATA	
別表記・別名	
三宝荒神（さんぼうこうじん）	
土公神（どこうしん）	
属性	
民間信仰	
御神徳	
火難消除	
家庭円満	
お祀りされている主な神社	
荒神山神社（こうじんやま）	
（滋賀県彦根市）	

昔は家の中の
いろんにゃところで
神様が見守って
いたんにゃ

　神様のなかには、神社ではなく、家の中で祀られるものもある。その代表が家の竈（台所）を守る荒神・竈神で、ほかに便所神・納戸神などがある。

　こうした家の神様は、神棚に祀られる伊勢神宮や氏神神社（産土神社）、崇敬神社の神札の祭祀とは異なり、家庭の主婦が司るものとされてきた。

　かつての竈は薪を燃やして煮炊きをしていたから、扱いが難しく、火災や火傷の危険性が高かった。こうした災厄から家を守り、家族が健康に暮らせるよう見守ってくれるのが荒神もしくは竈神である。ただし、その信仰は地域によって異なり、イラストのように面を祀るところもあれば、神棚を吊って祀ることもある。

田の神

【たのかみ】

DATA

別表記・別名

農神
作神
亥の神
田の神さあ

属性

民間信仰

御神徳

五穀豊穣
防災除疫

大国主神や大年神を
田の神として祀る
神社もあるけれど
鹿児島県では境内に
田の神像が安置されて
いることがあるよ

稲作の神。米などの豊作をもたらすとされる。

一般的な名称としては「田の神」であるが、地域によって呼び名が変わり、信仰や儀礼も異なる。『古事記』『日本書紀』で述べられる宇迦之御魂神（倉稲魂神）も稲作の神であるが、民俗信仰の田の神とは区別される。

柳田国男は、田の神は春に山から下りてきて、収穫後は山に帰って山の神になると述べたが、必ずしもすべての田の神がそういう性質をもつわけではない。しかし、季節によって移動するというところは多く、田から家に移るとするところもある。案山子を田の神の依り代と考える地域もある。

民間の巫女が信仰を伝えてきた蚕やウマなどの神様

オシラサマ

［おしらさま］

最後に、神社では祀られない神様を紹介しよう。竈神（かまどがみ）などの家の神も神社では祀られない神様であるが、オシラサマはそれらとは違い、普段は家の中に仕舞われていて、命日などと呼ぶ祭日にイタコなどの民間の巫女を呼んで祭祀を行い、蚕やウマなどの守護を願う。

オシラサマの信仰は東北地方全体に広まっており、とくに青森県・岩手県に多い。御神体とされるのは木製の棒状の神像一対で、頭部に娘やウマの顔が彫られる。これに祭日ごとに衣を重ね着させていく。これをオセンダクなどという。

その起源についても諸説あり、柳田国男の『遠野物語』には娘とウマの恋愛譚（たん）が載せられている。

DATA
別表記・別名
オシラボトケ
オコナイサマ
オシンメイサマ
属性
民間信仰
御神徳
養蚕守護
病気平癒

オシラサマに次々と衣を重ねていくので、年を重ねるごとにどんどん着ぶくれしていく

御神徳別 神様 早見表

日本の神様は、月の神・金属の神・航海の神・武神といったように、それぞれ特質をもっている。
そのため御神徳にも得意分野がある。ここでは、与りたい御神徳別に一覧表にした。

商売繁盛 の神様

敷地内に祠がある会社もあるぞ

大国主神
（おおくにぬしのかみ）
（→P80）

稲荷神
（いなりしん）
（→P130）

恵比寿神
（えびすしん）
（→P151）

縁結び の神様

大国主神の正妻は私ですからね

大国主神
（おおくにぬしのかみ）
（→P80）

櫛名田比売命
（くしなだひめのみこと）
（→P102）

須勢理毘売命
（すせりびめのみこと）
（→P103）

交通安全 の神様

道端に立って見守っています

宗像三女神
（むなかたさんじょしん）
（→P101）

猿田毘古神
（さるたびこのかみ）
（→P90）

道祖神
（どうそしん）
（→P152）

病気平癒 の神様

ボクは薬の神でもあるんだよ！

少名毘古那神
（すくなびこなのかみ）
（→P82）

大国主神
（おおくにぬしのかみ）
（→P80）

大物主神
（おおものぬしのかみ）
（→P83）

学問・芸能 の神様

受験シーズンはとくに人気じゃ

思金神
（おもいかねのかみ）
（→P92）

菅原道真公
（すがわらみちざねこう）
（→P132）

天宇受売命
（あめのうずめのみこと）
（→P89）

小野篁公
（おののたかむらこう）
（→P139）

勝負事 の神様

昔は
武家の人気を
集めたのじゃ

たけみかづちのかみ
建御雷神
（→P84）

ふ　つ　ぬしのかみ
経津主神
（→P85）

ほちまんしん
八幡神
（→P128）

安　産 の神様

私たちは
みな天皇家の
お母さん！

こ　の　はな　の　さ　く　や
木花之佐久夜
び　めのみこと
毘売命（→P96）

とよたま　び　めのみこと
豊玉毘売命
（→P105）

じんぐうこうごう
神功皇后
（→P126）

五穀豊穣 の神様

みんな
白いご飯が
好きだよね！

とようけ　び　めのかみ
豊宇気毘売神
（→P110）

いなりしん
稲荷神
（→P130）

た　　かみ
田の神
（→P156）

美人祈願 の神様

美人三姉妹
と呼ばれて
いますわ

むなかたさんじょしん
宗像三女神
（→P101）

夫婦和合 の神様

ご夫婦で
お参りに
いらしてね

い　ざ　なぎのみこと
伊邪那岐命
（→P72）

い　ざ　なみのみこと
伊邪那美命
（→P72）

どうそじん
道祖神
（→P152）

こ　の　はな　の
木花之
さ　く　や　び　めのみこと
佐久夜毘売命
（→P96）

仕事運
の神様

しおつちのかみ
塩椎神
（→P106）

お　ののたかむらこう
小野篁公
（→P139）

えびすしん
恵比寿神
（→P151）

漁だけでなく
仕事全般を
担当するぞよ

「七福神」に日本由来の神様は
1柱だけしかいない?

正月は七福神めぐりの季節

　正月には七福神めぐりをするのが楽しみという方も多いと思う。正月だけご開帳をしていたり、特別な御朱印・神像がいただけるところもあったり、ありがたみも倍増しているように思える。筆者の母も毎年きまって隅田川七福神をめぐっていた。

　ところで、七福神は「神」とついているが、神道の信仰なのであろうか。

　七福神すべてを祀っている神社もあるが、

多くの場合、7つの社寺を巡拝するようになっている。つまり、七福神の信仰は神仏習合の信仰なのである。

日本の神様は恵比寿だけ!

　七福神の構成については諸説あって、恵比寿・大黒天・毘沙門天（多聞天）・弁財天（弁才天）・布袋はほぼ共通しているが、これに福禄寿と寿老人を加える場合と、福禄寿・寿老人のどちらかと吉祥天もしくは

猩々を加える場合がある。ここでは一般的な前者について説明する。

　この7神のうち、純粋に日本の神様といえるのは、実は恵比寿だけ（恵比寿については→P151）である。神社では大黒天を
大国主神のこととして祀るが、本来はヒンドゥー教のマハーカーラという戦闘神・財神で、仏教に取り入れられて人々を守る護法神となった。

　弁財天はバラモン教の女神が仏教に取り入れられたもの。毘沙門天は仏教オリジナ
してんのう
ルで、四天王の1神だ。

▌福神として大集合

　布袋は唐時代に実在した禅僧。寿老人と福禄寿は道教の神様で、南極星の化身で長寿の神とされる（頭が長い方が福禄寿だが、混同されることが多い）。

　これらの7神のなかでも、恵比寿と大黒天がまず財福の神として祀られるようになる。さらに室町時代になると、『仁王般若
におうはんにゃ
経』にある「七難即滅、七福即生」という
きょう　　　しちなんそくめつ　しちふくそくしょう
言葉や中国の故事「竹林の七賢」から、7
ちくりん　　しちけん
柱の財神をセットとして祀るようになった。

❀ 七福神DATA

	出身宗教（国）・起源など	御利益
恵比寿	神道（日本） 漁師・市場の神　水蛭子神・事代主神と習合 <small>ひるこのかみ　ことしろぬしのかみ</small>	豊漁・海上安全・商売繁盛
大黒天	ヒンドゥー教（インド）→仏教（インド・中国） マハーカーラ→大黒天へ　日本で大国主神と習合	富貴自在・縁結び・子授子育
弁財天	バラモン教（インド）→仏教（インド・中国） サラスヴァティ→弁財天（弁才天）	芸能上達・水利自在・ 財運向上
毘沙門天	ヒンドゥー教→仏教（インド） クベーラ→毘沙門天（多聞天）	財運向上・厄災消除・ 難関突破
布袋	仏教（中国） 契此→布袋 <small>けいし</small>	諸願成就・財運向上・ 学芸発達
寿老人	道教（中国） 寿老人	健康長寿・富貴自在・ 智慧増大
福禄寿	道教（中国） 福禄寿	不老長寿・招福開運・ 立身出世

有名な七福神めぐりコース（お寺も含む）

	東京・隅田川	大 阪	京 都
恵比寿	三囲神社 （墨田区向島）	今宮戎神社 （浪速区恵美須西）	京都ゑびす神社 （東山区大和大路四条南）
大黒天	三囲神社 （墨田区向島）	大国主神社 （浪速区敷津西）	妙円寺 （左京区松ヶ崎東町）
弁財天	長命寺 （墨田区向島）	法案寺 （中央区島之内）	六波羅蜜寺 （東山区五条通大和大路上ル）
毘沙門天	多聞寺 （墨田区墨田）	大乗坊 （浪速区日本橋）	東寺 （南区九条町）
布袋	弘福寺 （墨田区向島）	四天王寺布袋堂 （天王寺区四天王寺）	萬福寺 （宇治市五ケ庄三番割）
寿老人	白鬚神社 （墨田区東向島）	三光神社 （天王寺区玉造本町）	革堂行願寺 （中京区寺町通竹屋町上ル）
福禄寿	向島百花園 （墨田区東向島）	長久寺 （中央区谷町）	赤山禅院 （左京区修学院関根坊町）

江戸っ子は七福神めぐり好き？

　一日で回れる七福神めぐりは気の短い江戸っ子の性分に合うのか、東京には数多くの霊場がある。

　一番古いとされるのが「谷中七福神（荒川区・台東区・北区）」で、すべてお寺になっている。「隅田川七福神（上記表参照）」も古く、江戸時代にさかのぼる。

　このほか「日本橋七福神（中央区）」「下谷七福神（台東区）」「浅草名所七福神（台東区・荒川区）」「山手七福神（目黒区・港区）」「亀戸七福神（江東区）」「東海七福神（品川区・大田区）」「青梅七福神（青梅市）」などがある。

まだまだある七福神めぐり

　神奈川県には、「鎌倉・江の島七福神（鎌倉市・藤沢市）」、埼玉県には「川越七福神（川越市）」がある。関西圏は奈良の「大和七福神（桜井市・橿原市ほか）」、滋賀県の「近江七福神（米原市・彦根市ほか）」「西近江七福神（高島市）」、兵庫県の「神戸七福神（神戸市）」ほか。愛知県にも「なごや七福神（名古屋市）」がある。

第 3 章

神社と動物

神社に足を運ぶと、さまざまな動物の像や彫刻を見かける。
動物をモチーフにした、かわいい御守やおみくじに
心惹かれることもあるのでは？
なぜ動物が神社にいるのかを解説するとともに、
動物ごとに出会える神社を紹介する。

なぜ神社には
動物がいるの？

境内を見渡すと狛犬以外にもさまざまな動物の姿が。
それらにはちゃんと意味がある。

ネコは
境内で昼寝しているのを
よく見かけるって？

犬の王

境内のあちこちにいる
動物たち

　神社に動物というと奇妙に思われるかも
しれないが、日本の神様と動物との間には
深く不思議な関係がある。それを知ってお
くと、参拝がより興味深く意義深いものに
なるだろう。

　その意味を説明する前に、まず境内のど
こに動物がいるのか探してみよう。

　参道に狛犬が控えていることはご存知の
ことと思う（→P26）。神社によっては狛
犬の代わりに（あるいは狛犬のほかに）キ
ツネやウシ、シカ、オオカミ、サルなどの
像が置かれていることがある。何の動物が
いるのかは御祭神によって異なる。

　社殿の装飾彫刻の中にも動物はいる。獅
子や龍が多いが、麒麟や玄武といった霊獣
がいることも。ゾウもいたりする。天井画
や石燈籠などに隠れていることもある。

神社にいる動物の分類

神様自身 （化身も含む）	● ヘビ　● ワニ（サメ） ● シカ　● オオカミ ● キツネ　● タヌキ　など

神使 （眷属<small>けんぞく</small>）	● キツネ　● ウシ　● サル ● カラス　● ネズミ　● ハト ● ヘビ　● オオカミ　など

その他	● ウサギ　● ネコ　● ゾウ ● 四神<small>しじん</small>（青龍<small>せいりゅう</small>・朱雀<small>すざく</small>・白虎<small>びゃっこ</small>・玄武<small>げんぶ</small>） ● 十二支　など

神様と動物の深く不思議な関係

　神社で見られる動物は、大きく3種類に分類できる。

　まず神様自身が動物、あるいは神様の化身である場合。美しいヘビであったと伝えられる大物主神<small>おおものぬしのかみ</small>（奈良県桜井市の大神神社<small>おおみわ</small>の御祭神）が有名だが、類例は多くない。命がけで人々を助けたイヌとか、神霊現象を引き起こしたキツネやタヌキを祀る目的で、神社にもその動物の像が置かれることがある。

　もっとも多いのが神様のお使い、神使<small>しんし</small>である。その代表例が稲荷神社のキツネだ（→P166）。神使は神様と参拝者・崇敬者の間を取りもつのが役目で、参拝者・崇敬者の願いを神様に伝え、神様の霊験<small>れいげん</small>（開運、縁結びなど）を人々にもたらすと考えられている。

　そのほかに、神話で登場した動物（大国主神<small>おおくにぬしのかみ</small>の神話に出てくる因幡<small>いなば</small>の白ウサギなど）、神様の手助けをすると信じられた動物（蚕<small>かいこ</small>をネズミから守るネコなど）もある。また、十二支や故事に登場する動物が見られることもある。

> 御神徳
>
> **五穀豊穣**
> **商売繁盛**
> **家内安全**
>
> 各動物のページにある「御神徳」は、その動物がいる神社（祀られている神様）の御神徳の一例です。同じ動物・神様でも、神社によって異なる場合があります。

五穀豊穣・商売繁盛を運ぶ神使

キツネ

透明で
目に見えないから
白狐として描かれるん
ですって

狐（こ）犬（いぬ）を除くと、境内にいる動物でもっともよく知られているのは稲荷社のキツネだろう。稲荷神の正体がキツネだと誤解している人もいるが、そうではなく神様のお使い（神使）である。もちろん、神様に仕えているのであるから、ただのキツネではない。霊力をもっているとされることから霊狐（れいこ）といわれることもある。修行の度合いによって位があり、それに応じて役割も違うといわれる。

お　使いであるから、その役割も狛犬のように境内の警備ではなく、神様と崇敬者との間を取り持つものとされる。宝珠（ほうじゅ）（上部が尖った玉、如意宝珠（にょい）ともいう）や鍵を持っていたりくわえていたりするのは、豊穣や富貴をもたらす稲荷神の御神徳を象徴している。宝珠は望むものをもたらす玉、鍵は宝蔵（ほうぞう）を開けるためのものだ。ときには稲荷神を背に乗せて空を飛ぶともいう。

キツネに会える神社

伏見稲荷大社
(京都府京都市)

全国の稲荷神社の総本宮（稲荷信仰には豊川稲荷など別系統もあるのですべての稲荷社の総本宮ではない）。楼門前の狐像、千本鳥居は必見。

➡伏見稲荷大社の「合格守」

⬆楼門前の神使の狐像。向かって右が宝珠を、左が鍵をくわえている

⬆信太森神社オリジナルの「張り子のキツネさん」

⬆「キツネさんの絵馬」。白狐の後ろには御神木の夫婦楠（めおとぐす）が描かれている

信太森神社
(大阪府和泉市)

葛葉稲荷神社ともいう。説話・伝奇物語の主人公として有名な陰陽師・安倍晴明（→P140）の母の霊狐が棲んでいた地とされる。

⬇弓矢を持った御祭神の姿を描いた「御姿切札」

⬇櫛などに使われる本ツゲで彫った「本ツゲキツネ守」

箭弓稲荷神社
(埼玉県東松山市)

箭弓とは矢と弓のこと。源頼信が平忠常を討伐する際に、御祭神が矢の形の雲を表して神威を示したことに由来するという。その神社名から、野球の守り神としても信仰される。

藤原氏の隆盛とともに全国に

シ カ

シカは古くから日本人に親しまれてきた動物。キツネと同様に山と里を行き来することから、神様と人をつなぐ霊獣と信じられた。シカの肩甲骨を火であぶり、できたヒビによって神意を占う太占が『古事記』でも述べられている。

神使としてのシカの信仰は、藤原氏（中臣氏）が常陸国（今の茨城県）の鹿島神宮で祀られている建御雷神（武甕槌大神→P84）を崇敬したことにより、全国に広まっていった。和銅3年（710）頃に藤原不比等が奈良に建御雷神を祀る春日大社を創建した際、神様はシカに乗って常陸から奈良まで旅したとされる。この由緒からシカは春日大社の神使とされ、その分社である各地の春日神社でも境内にシカの像を置くことがある。ちなみに、奈良公園のシカは建御雷神が乗ってきたシカの子孫といわれる。

ボクたちは
奈良ではとても
大切にされて
いるんだよ

シカに会える神社

↓神使の白鹿がおみくじをくわえる「白鹿みくじ」

↑一刀彫のシカがおみくじをくわえる「鹿みくじ」

春日大社
（奈良県奈良市）

全国の春日神社の総本社。武甕槌命・経津主命・天児屋根命・比売神を祀る。藤原氏のみならず朝廷からも篤く崇敬されてきた。石燈籠などにもシカが彫られている。

枚岡神社
（大阪府東大阪市）

中臣氏（のちの藤原氏）の祖神・天児屋根命とその妃神・比売御神を祀る。宝亀9年（778）に経津主命・武甕槌命を合祀したことによりシカが神使となった。

←↑拝殿に上がる階段の前にある「なで鹿（神鹿）」は、親鹿が仔鹿を育んでいる様子をかたどっている

鹿島神宮（茨城県鹿嶋市）

天照大御神の命を受けて国譲りを成就させた建国の功神・武甕槌大神を祀る。境内には、地震を起こす大ナマズを押さえつけているといわれる要石がある。

←御守袋に向かい合ったシカが描かれている「武道御守」

←神使の神鹿を描いた「神鹿絵馬」

サル

魔障を取り"さる（去る）"神使

「見ざる・
聞かざる・言わざる」の
三猿も有名だよね
これもダジャレ
かな？

サルというと、「桃太郎」や「さる
かに合戦」といった昔話のイメー
ジが強いのではないだろうか。実際、サ
ルは多くの昔話に登場するが、日本神話
にはほとんど姿をみせない。ニホンザル
は在来種なので、古代の人々もキツネや
シカと同様に親しんできたものと思われ
るのに、なぜ神話に登場しないかは謎だ。
猿田毘古神（→P90）という神様は登場
するが、サルとの関係ははっきりしない。

そんななか、日吉大社とその分社で
ある各地の日吉神社・日枝神社は
サルを神使としている。ただし、なぜサ
ルが神使に選ばれたのか、その理由は明
確ではない。「神」という字は「申」に「示
す」と書くからと説明されることもある
が後付けであろう。

理由はともあれ、日吉大社などのサル
は神猿と呼ばれ、「魔去る」「勝る」に通
ずる神使として親しまれてきた。

サルに会える神社

日吉大社
（滋賀県大津市）

比叡山に鎮まる神として『古事記』に記される大山咋神（→P114）などを祀る。延暦寺が創建されてからは、その鎮守としても信仰された。全国の日吉神社・日枝神社の総本宮。

↑社殿前に置かれている夫婦の神猿像。左の母猿は子どもを抱いている

→神猿像をかたどった土鈴

↑西本宮楼門の「棟持猿（むなもちざる）」。姿の異なる4匹の像がある

日枝神社
（東京都千代田区）

江戸を治めた太田道灌や徳川家康に崇敬され、江戸城の鎮守とされた。古くは「山王社」と称し、「山王さん」の名で親しまれる。境内の神猿像を撫でる参拝者があとを絶たない。

↑愛らしい「神猿みくじ」は、茶と金の2種類

巣鴨庚申堂猿田彦大神
（東京都豊島区）

文亀2年（1502）に庚申塔が建てられたことに始まるとされる。庚申塔には三猿が彫られることからサルが神使となっている。

→境内入口の猿像。台座に三猿が彫られている

道先案内の神使
カ ラ ス

今はカラスというとあまりいいイメージを抱かれないが、神話や伝統的な神事では重要な役割を担っていることが多い。そのなかでももっともよく知られているのが、神武天皇を熊野から大和へと道案内した八咫烏であろう。こうした由緒から、八咫烏は熊野三山（熊野本宮大社・熊野速玉大社・熊野那智大社→P118）の神使とされている。

なお、八咫烏は大きなカラスという意味で、『古事記』などには3本足とは書かれていない。

御烏喰神事はカラスが供物を食べるかによって神意をはかる儀礼で、広島県廿日市市の厳島神社・滋賀県犬上郡の多賀大社・愛知県名古屋市の熱田神宮などで行われている。厳島神社と多賀大社では占いとしての性質を保っており、多賀大社はカラスを神使としている。

私が
3本足になったのは
中国神話の「三足烏」と
同一視されたという
説もあるらしい

カラスに会える神社

烏森神社
（東京都港区）

平将門を討伐した藤原秀郷（→P150）が戦勝の御礼に、倉稲魂命を祀る神社を、カラスが多く棲んでいた砂浜の森に創建したことに始まるという。

↑神社のマスコット「こい吉」にストラップがついた心願成就守

↑こい吉がデザインされた開運御守

熊野本宮大社
（和歌山県田辺市）

熊野三山のなかでも中心的な神社。かつては多くの参詣者が熊野を目指し、その様子は「蟻の熊野詣」とも呼ばれた。

熊野那智大社
（和歌山県東牟婁郡）

那智の滝で知られる（別宮の飛瀧神社は那智の滝を御神体とする）神社。西国霊場第1番札所の青岸渡寺が隣接する。

↓境内の八咫烏像。3本足が印象的だ

↑神使の八咫烏をデザインした文字が記された御札「牛王宝印（ごおうほういん）」。三山それぞれにあり、みな形が違う

←八咫烏の神紋（神社の紋）をあしらった御守

→愛嬌のある顔をした「烏みくじ」。八咫烏のフィギュアの中におみくじが入っている

商売繁盛
家運隆盛
子孫繁栄

大国主神を助けて神使に
ネズミ

私が
隠れる場所を教え
矢を探し出しました！

ネ ズミは大国主神（→P80）の神使とされる。それは『古事記』に語られる神話に由来する。それによると、大国主神は若い頃、八十神という兄神たちから迫害を受けていた。命の危険を感じた大国主神は須佐之男命がいる地下の根の国へ赴いた。しかし、ここでも厳しい試練を受けさせられる。その一つが野の中に鏑矢を探しに行くというもので、野に入ったところで草むらに火をつ

けられてしまった。この絶体絶命のピンチを救ってくれたのがネズミであった。

七 福神の一神、大黒天もネズミを連れていることがある。台座にしている米俵に乗っていたりするため米を盗み食いしているようにも見えるが、大黒天は大国主神と同一視されるので、それらのネズミも神使なのだ。十二支の初めの動物として像を飾っている神社もある。

ネズミに会える神社

大豊神社
（京都府京都市）

宇多天皇の病気平癒のために創建されたという。ネズミ像があるのは大国主神を祀る末社・大国社の前。それぞれ水玉（水器）と巻物を持っている。

ただいま
なおらい
チュー

豊年満作
一飯之恩

↑ネズミが持つ水玉は長寿、巻物は学問を表すという

↑崇敬者によって奉納されたネズミ像。さまざまな姿のものが増加中

万九千神社
（島根県出雲市）

神無月（旧暦10月）には全国の神々が出雲に集まるとされる。出雲大社での会議を終えた神々は、ここに立ち寄って宴を催したのち、旅立つとされる。

↑かわいい「狛ねずみおみくじ」は、2種類の形がある

大国主神社
（大阪府大阪市）

敷津松之宮の摂社。「木津の大国さん」とも呼ばれる。大国主神社の創建は18世紀と新しいが、神話時代の創建とされる敷津松之宮より有名になっている。

➡向かって左のネズミは打ち出の小槌を持ち、右のネズミは米俵を抱えている

かつては神社のシンボル

ハト

ハトは八幡神(はちまんしん)の神使(しんし)とされる。神使に選ばれたのは、八幡神が初めて姿を現した際、まず金色のタカとなり、次いで3歳の童子の姿となり、最後に金色のハトとなったという伝説に由来するともいわれるが、はっきりしたことはわかっていない。しかし、八幡信仰の広がりとともに、ハトを神使とする考えも普及し、八幡神を祀る神社以外でもハトを大切にするようになり、境内でハトのエサを売るといったことも行われた。

その一方で、ハトはキツネやサルのように参道脇に彫像が置かれることは少ない。社殿や回廊などの装飾彫刻の中に配置したり、鳥居や楼門などにかけられた扁額(へんがく)の「八幡」の字をハトの形にするといった形で表現されることが多いので、探すのにはコツがいる。頑張って探してみよう。

ここに
いらっしゃるのは
僧形の八幡神様だ
P128のお姿とは
ずいぶん
違うでしょう?

ハトに会える神社

宇佐神宮
（大分県宇佐市）

全国の八幡宮・八幡神社の総本宮。その起源は神代にさかのぼるという。厄除け開運の御利益があり、神仏習合発祥の地としても有名。

←神使のハトをモチーフにした鳩笛「神鳩（しんばと）」。どこか高貴な佇まい

石清水八幡宮
（京都府八幡市）

貞観元年（859）に宇佐神宮より分霊を勧請して翌年に創建。八幡信仰が朝廷や武家に広まるうえで、大きな役割を果たした神社だ。

↑国宝の本殿の蟇股（かえるまた）に彫られている神使のハト。楼門には金のハトも

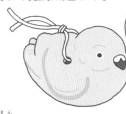
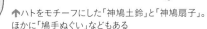

↑ハトをモチーフにした「神鳩土鈴」と「神鳩扇子」。ほかに「鳩手ぬぐい」などもある

鳩森八幡神社
（東京都渋谷区）

9世紀の半ば、多数の白鳩が西に向けて飛び立った地に小さな祠が営まれ、「鳩森」と名づけられたのが始まりとされる。境内に富士塚があることでも有名。

→やさしい絵柄の鳩森八幡神社オリジナルの絵馬

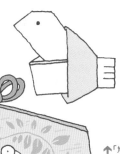

↑「鳩みくじ」。ハトの形に折りたたんである

穏やかさに癒やされる
ウシ

「ウシが止まったところを
墓所にせよ」と
道真公が遺言した
ともいわれているぞ

ウシは、天神様こと菅原道真公の神使である。菅原道真公は宇多・醍醐両天皇に仕えた文人政治家であったが、陰謀により大宰府に左遷となり、この地に没した。この道真公の神使がウシであることについては諸説がある。丑年生まれであるから（亡くなった日も丑の日だったといわれる）とも、道真公の遺体をのせた牛車を引いていたウシがある場所で動かなくなり、そこに太宰府天満宮が

創建されたからともいう。ウシが道真公を守ったという伝説もある。

菅原道真公を祀る天満宮・天神社の境内に置かれる神使のウシ像の多くは、座った姿に造られている。これは太宰府天満宮創建伝承に由来するともいわれる。こうしたウシ像は「撫で牛」とも呼ばれ、撫でたところの病気・ケガが癒えると信じられている。

ウシに会える神社

↑赤べこの護符。赤は魔除けの意味がある

↗「赤べこ守」は、疫病祓い、無病息災の御守だ

土津神社
（福島県耶麻郡）

名君として知られる藩祖・保科正之公（土津霊神）をはじめ、会津藩歴代藩主を祀る。コロナ禍を機に、疫病を祓うとされる郷土玩具・赤べこの護符を授与している。

牛嶋神社
（東京都墨田区）

↘狛犬と並んで参拝者を見守るウシの像

湯島天満宮
（東京都文京区）

雄略天皇の御代に天之手力雄命を祀る神社として創建され、その後、菅原道真公が合祀されたという。江戸時代より梅の名所としても知られる。

↓境内の「撫で牛」。多くの人に撫でられ光っている

↑菅原道真公がウシに乗った絵柄の開運絵馬

須佐之男命・天之穂日命などを祀る神社で、慈覚大師円仁が貞観2年（860）に創建したという。菅原道真公を祀る神社ではないが、撫で牛信仰がある。

↙患部と同じ「撫で牛」の場所を撫でると治るという

水、再生、金運のシンボル
ヘビ

ヘビは祀られている神様の御姿や化身である場合と、神使である場合があるので注意がいる。どの神様が祀られているかによって、どちらかわかることもあるが、神社によって捉え方が異なる場合もあるので、我流で判断せず神職に尋ねてみるのがいいだろう。

ヘビに対する信仰は縄文時代以前にさかのぼり、日本の信仰のなかでももっとも古いものの一つといえる。ヘビが信仰対象となった理由の一つが脱皮で、ここから再生・不老長生の霊獣とみられた。

ヘビの姿をした神では、奈良県桜井市の大神神社で祀られる大物主神（→P83）が有名。『日本書紀』によれば、妻とした美女の願いによって見せた「本当の姿」は麗しい小ヘビであった。

一方、宗像三女神や弁才天を祀る神社などでもヘビを神使とすることがある。

今でも日本各地で白ヘビは縁起がいいとされていますよ

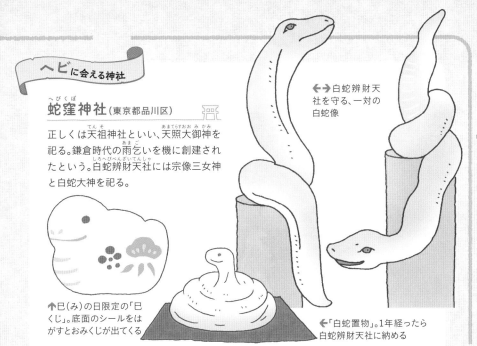

ヘビに会える神社

蛇窪神社（東京都品川区）
<へびくぼ>

正しくは天祖神社といい、天照大御神を
祀る。鎌倉時代の雨乞いを機に創建され
たという。白蛇辨財天社には宗像三女神
と白蛇大神を祀る。

← 白蛇辨財天
社を守る、一対の
白蛇像

↑ 巳（み）の日限定の「巳
くじ」。底面のシールをは
がすとおみくじが出てくる

← 「白蛇置物」。1年経ったら
白蛇辨財天社に納める

← 「白蛇金運巳
くじ」。こちらは
おみくじを口に
くわえている

金蛇水神社（宮城県岩沼市）
<かなへびすい>

平安中期、天皇の佩刀を作るため名水を
求めて刀匠・三条宗近がこの地の水神の
社を訪れ、彼が残したヘビの御姿が御神
体となり、金蛇水神社と称されるように
なった。

熊野神社
<くまの>
（埼玉県所沢市）

昔、この神社の境内の御神木には白蛇が棲んでいて祟
りをなしたので、毎年、大晦日から正月にかけて藁で御
姿を作って祀るようになったという。

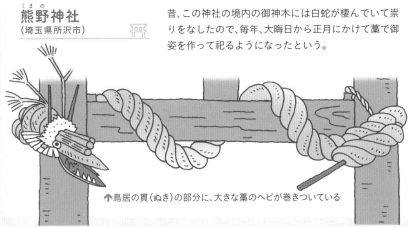

↑ 鳥居の貫（ぬき）の部分に、大きな藁のヘビが巻きついている

倭 建 命を道案内した

オオカミ

「お犬様」と
呼ばれていても
P185の彼らとは
別なのだ

オオカミは人を襲うこともある恐ろしい野生動物であったが、古くから信仰対象でもあった。大神に通じるオオカミという名も、畏るべき存在と考えられていたことを示している。真の神という意味の真神（大口真神）という呼称が使われることもある。

関東地方の山岳部では、山中で道に迷った倭建命（日本武尊→P124）の道案内をオオカミがしたという伝承が分布しており、そうした地に鎮座する神社はオオカミを神使としている。

オオカミ信仰を伝えている神社では、オオカミの姿を描いた御札を授与していることが多い。崇敬者は畏敬と親しみを込めて、この御札を「お犬様の御札」と呼ぶ。オオカミはイヌではないが、オオカミと呼ぶことをはばかってこういうのであろう。

オオカミに会える神社

→2頭の神犬が刷られた「小御影守（こみえいまもり）」

三峯神社
_{みつみね}
（埼玉県秩父市）

日本武尊は東征の折、道に迷いオオカミの案内で難を逃れたという。案内されたこの地の美しさに感動した尊が、国生みの神を祀ったのが始まりとされる。

↑境内入口の三ツ鳥居の前で見守る神犬（オオカミ）。シュッとした姿が野性的だ

武蔵御嶽神社
_{むさしみたけ}
（東京都青梅市）

崇神天皇の御代に武渟川別命が創建したと伝わる。また、日本武尊は御岳山の悪神を退治した際に、白狼に導かれて難を逃れたとされる。

→「大口真神切札（きりふだ）」。目が三日月形なのが特徴

↑本殿の前を守る江戸時代のオオカミ像

→うつむき加減の愛らしい姿に癒やされる神犬像

三峯神社
_{みつみね}
（東京都武蔵野市）

住宅街の中にぽつんと鎮座する小さな社。社殿を守る一対の神犬像には、明治23年（1890）の銘が刻まれている。

月に棲むともいわれた、かわいい霊獣

ウサギ

御神徳

縁結び
子孫繁栄
金運上昇

白兎神社の参道にはウサギ像が並び、結び石を供えて縁結びを願う人が多い。「白うさぎみくじ」などのウサギの授与品も多く、絵馬は、ウサギが跳ねる絵柄のほか、因幡の白ウサギと大国主命が並ぶ絵柄もある

神社に関係するウサギというと、「因幡の白ウサギ」がすぐに思い浮かぶ。ワニ（サメ）を騙そうとして毛を剝がされたウサギを大国主神が助ける話で、ここからウサギは大国主神の神使と思われがちだ。実際、大国主神を祀る出雲大社や、因幡の白ウサギの舞台とされる白兎神社の境内・参道には多くのウサギ像が並んでいるので、準神使といってもよいかもしれない。

神社とウサギの関係は因幡の白ウサギ神話だけではない。月に棲むとされることから、月に関わる信仰の神社や、名前にウサギの字がある応神天皇の皇子の菟道稚郎子命を祀る神社でもウサギをゆかりの霊獣としている。

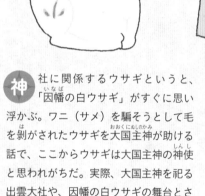

ウサギに会える神社

白兎神社 (鳥取県鳥取市)

『古事記』が「兎神」とする因幡の白ウサギを祀る。一時衰微していたが、慶長年間（1596〜1615）に復興。近年は縁結びの聖地としても知られる。

岡﨑神社 (京都府京都市)

平安遷都に際し、都の四方を守る神社の一つ（東方守護）として創建された。当時、この地は野ウサギの繁殖地であったことからウサギが神使とされた。

人間との固い絆をもつ身近な動物

イヌ

御神徳

安産子育
災難消除
開運出世

こでいうイヌとは、狛犬や「お犬様」とも呼ばれるオオカミのことではなく、ペットとして飼われているようなイヌのことである。

ただし、見付天神 矢奈比賣神社で祀られる悉平太郎のように、命がけで人々を守った忠犬であることが多い。山形県高畠町の犬の宮にも、子どもを生け贄にさせようとしていた大ダヌキを三毛犬・四毛犬が退治したという伝説が伝わる。悉平太郎や三毛犬・四毛犬は伝説上の犬だが、新潟県長岡市の忠犬しろ神社（蒼柴神社の境内社）のように実在のイヌを祀った神社もある。

また、イヌは安産とされることから、安産祈願のためにイヌの像が置かれることがある。

イヌに会える神社

伊奴神社
（愛知県名古屋市）

天武天皇の御代、稲を皇室に献上した際に創建されたという。素盞嗚尊・大年神・伊奴姫神を祀る。「犬の王」を描いた御幣が洪水を止めたという伝説が残る。

見付天神 矢奈比賣神社
（静岡県磐田市）

五穀豊穣・安産の神である矢奈比賣命を祀る神社で、その創建は9世紀以前にさかのぼる。人々を苦しめた妖怪を退治した、霊犬・悉平太郎の伝説で有名。

洪水を抑える霊力を発揮した御幣に描かれていたという、伊奴神社の「犬の王」の石像。この像を模した「いぬみくじ」は、像よりもあどけない表情だ

伊奴姫神は大年神の御妃でこの神社の社名の由来にゃんだって

実は、かわいいだけじゃない！

ネコ

家出したネコが戻ってくる「猫返し」の御神徳があるという、阿豆佐味天神社（蚕影神社）の絵馬と御守。境内に鎮座する「ただいま猫」の石像は、祈願の際にやさしく撫でよう

イ ヌと違ってネコは寝てばかりで役に立たないと思われがちだが、かつては貴族も農民も社寺もネコを珍重し、ときには大金を払ってまで入手していた。それはネズミの被害を防ぐためであった。ネズミは食料を食い荒らすだけではなく、書物や衣服、家具や建具などにも大きな被害を与え、さらには疫病の原因になる

こともあった。とくに蚕や繭をネズミに食べられてしまう養蚕農家にとってネコは必要な動物で、被害を少しでも減らすためネコを神様として祀ることもあった。

こうしたことから、蚕の神を祀る神社ではネコを神使とすることがある。かつてはネズミ除けのネコの御札なども授与されていた。

ネコに会える神社

阿豆佐味天神社（東京都立川市）

立川水天宮ともいい、安産・子授けの神社として知られる。境内の蚕影神社は養蚕守護の社でネコを神使としていたが、近年は猫返しの御神徳で有名になった。

住吉大社（大阪府大阪市）

全国の住吉神社の総本社。末社の楠珺社は初辰の日に参拝すると裃姿の招き猫が授与される。これを48回続けると「始終発達」の御利益が得られるという。

絵馬のもとは生きたウマだった!

ウマ

か つては重要な祈願を行う際にはウマを奉納するものであった。とくに雨乞いや止雨を願うときにはウマを捧げた。しかし、ウマは高価なものであり、農民にとって必要不可欠な存在でもあったので、奉納するのは容易なことではなかった。そのため、代用として使われるようになったのが絵馬であった。

また、神様の移動にもウマが必要だと考えられ、神社では神馬が飼われた。のちに、これも飼育などの都合から、木像や銅像などで代用されるようになった。

競馬や流鏑馬など、祭で多くのウマが用いられることもある。なかでも京都の上賀茂神社の賀茂競馬は、平安遷都以前から行われている由緒ある祭典である。

ウマに会える神社

賀茂神社
(滋賀県近江八幡市)

日本初の国営牧場が造られた地に、天平8年(736)に創建されたという。こうした由緒から、ウマの聖地として馬術・競馬などウマに関わる人々の信仰を集めてきた。

荒川駒形神社
(岩手県遠野市)

ウマやウシなどの家畜を守り、五穀豊穣をもたらすとして、農家や畜産業者の信仰を集めてきた神社。境内には、奉納されたウマの像や絵馬が多く残る。

滋賀県・賀茂神社の境内に立つ、堂々たる神馬像。約3万坪の境内には直線400mの馬場もあり、競馬の様子が描かれた「競馬絵馬」も授与されている

御猟野乃社 加賀茂神社

賀茂競馬

白鳥

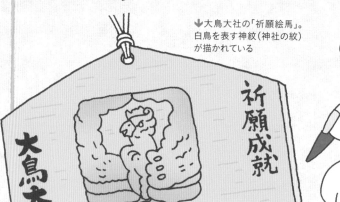

↓大鳥大社の「祈願絵馬」。白鳥を表す神紋（神社の紋）が描かれている

↑熱田神宮の「白鳥守（しろとりまもり）」。開運招福・縁結びなどの御神徳があるという

景 行天皇の皇子で東西に遠征をして熊曽などを討伐した倭建命（日本武尊→P124）は、三重の能褒野（現在の亀山市・鈴鹿市付近）で亡くなられ、その神霊は白鳥になって飛び去ったという。「おおとり（大鳥・鳳・鷲）」とつく神社の多くは、この伝承と関わりをもつ。

ただ、この白鳥を何の鳥とするのかは、神社によって異なる。熱田神宮のように白鳥ととらえるところが多いが、大鳥大社のように鳳凰とするところもあり、サギとするところもある。

境内に白鳥像が置かれることはあまり多くないが、御守などの授与品はバリエーションが豊富だ。愛らしいものや雄々しいものなど、見比べると楽しい。

白鳥に会える神社

大鳥大社（大阪府堺市）

白鳥の姿になった日本武尊の神霊が最後に降り立った場所に創建されたと伝わる。各地の大鳥神社の総本宮であり、古くから朝廷の崇敬を受けてきた。

熱田神宮（愛知県名古屋市）

日本武尊の薨去後、妃の宮簀媛命が、日本武尊が東征の際に携えていた草薙神剣を御霊代（御神体）として創建したと伝わる。織田信長からも崇敬を受けた。

無事の帰還を願って……

カ エ ル

神 社に限らずお寺の境内にも、手水
舎や池の畔、あるいは参道の脇な
どに、カエルの置物が置かれているのを
見かける。置かれている理由は社寺に
よって異なるであろうが、カエル（帰る）
という名から、参拝者や参拝者の家族な
どの無事帰還を願う気持ちが込められて
いるといっていいだろう。

カエルの御守もそうした意味のものが
多いが、出したお金がまた返ってくるこ
とを願う金運上昇の御利益をもつものも
ある。

なお、神話においては、「謎の神の正
体を知るには案山子に尋ねるといい」と
おおくにぬしのかみ
大国主神に教えるなど、賢者としての一
面もみせている。

カエルに会える神社

十番稲荷神社
（東京都港区）

戦禍に遭った古社（末広神社と竹長
たけちょう
稲荷神社）が、昭和25年（1950）に合
併して現在地に鎮座。がま池の大カ
エルが水を吹きかけて大火を消した
という伝説が残る。

ふた み おきたま
二見興玉神社
（三重県伊勢市）

二見浦の夫婦石で知られる古社で、
伊勢参宮前に参拝するものとされ
た。参拝者は旅の安全を願って当社
にカエルを奉納したといい、今は「二
見かえるの御守」として授与される。

十番稲荷神社には、大カエル像が鎮座するほか、数々の
「かえるさん」の授与品がある。「かえる御守」（右上）は
財布などに入れて安全や開運を願い、「張り子のかえる
さん」（右下）は、お腹に願い事を書いてお祀りする

獅 子

御神徳

除災招福
疫病除け
殖産興業

天井大獅子

東京・築地の波除神社の獅子殿に安置されている、高さ2.4mの「厄除天井大獅子（やくよけてんじょうおおじし）」。御守をくわえている「厄除け木獅子守」の「大」は、職人が手作りする特注品。常に用意されている「中」「小」もある

聖所を守るライオン（もしくはライオンをベースにさまざまな動物の要素が組み合わさった聖獣）という造形は、古代オリエントに始まるという。これが西に伝わってスフィンクスや宮殿前のライオンとなり、東の果てに伝わって狛犬となった。また、ライオンが権力や権威の象徴とされる点も万国共通である。

一方、社殿や仏堂の木鼻（建物の梁などの水平材が、柱などから突き出した部分）に獅子やゾウを彫刻するのは日本独自の装飾といえよう。これには魔除けの意味が込められていると思われる。

正月行事や田植え儀礼などに登場する獅子舞も、災厄や疫病などを祓うために演じられるものだ。

獅子に会える神社

波除神社（東京都中央区）

江戸初期、幕府は今の築地周辺の埋め立てを進めたが、波が荒いため工事は難航した。当社が創建されたところ、波が収まり工事が完成したと伝わる。

難波八阪神社（大阪府大阪市）

仁徳天皇の御代に創建されたと伝えられ、以後、難波の産土神として崇敬を受けてきた。巨大な獅子頭の形をした獅子殿があることでも有名。

華麗な姿で舞う平和の象徴

鳳凰
ほう　おう

御神徳

天下泰平
家内安全
縁結び

鳳 凰は空想上の霊獣である。龍と同様にさまざまな動物のパーツが組み合わされているが、解釈に幅があるためその姿は作品ごとに微妙に異なる。金閣寺や平等院鳳凰堂の屋根の上に置かれたものが有名だが、神社の装飾や神紋などにも用いられている。また、神輿の屋根につけられることもある。

鳳凰は聖帝（聖人の皇帝・天皇）の治世に出現するとされるので、神社で用いられる場合も平和の象徴と考えてよいだろう。御祭神の御神徳によって人々は豊かになり、争いがなくなるのだ。なお、大鳥大社・大鳥神社では、日本武尊（→P124）の神霊が変じた白鳥を鳳凰だと解釈して神紋に用いている。
やまとたけるのみこと

鳳凰に会える神社

大鳥神社
おおとり
（東京都目黒区）

社伝によると、日本武尊の神霊の化身である白鳥が当地に現れたので、その場所に祠を建てて鳥明神と称したことに始まるという。11月の酉の市でも有名。
とり
いち

荏原神社
えばら
（東京都品川区）

和銅2年(709)に丹生川上神社(今の奈良県吉野郡)から神霊を迎えて創建されたという。その後、品川総鎮守として崇敬された。なお、鳳凰は拝殿の木鼻彫刻に見られる。
にうかわかみ

上は東京・目黒の大鳥神社の拝殿の破風につけられた、華麗に舞う鳳凰の彫刻。手水舎の水盤に彫られた鳳凰の神紋（左）は、精悍な目つきだ

雄は「鳳」、雌は「凰」と、分けて呼ばれることもあるにゃ

聖獣・霊獣の王

龍

社 寺の装飾彫刻には麒麟や鳳凰といった聖獣・霊獣が多く見られるが、龍は中国で皇帝の象徴とされたことにより、とくに重要な場所に飾られる。また、水を司るとされることから、建物を火災から守るという意味で設置されることも多い。ただし、日本の龍にはさまざまなイメージが混じっている。日本古来の蛇神（水神）、仏典に登場する龍（ナーガ）などで、龍宮なども仏典に由来する。海の神・綿津見神は本来龍と無関係だが、海中にある屋敷が龍宮と同一視されたため龍神とみなされるようになった。

また、龍（辰）は十二支の一つでもあり、四方を守護する四獣の一つ（この場合は青龍という）でもある。

龍 に会える神社

馬橋稲荷神社
（東京都杉並区）

鎌倉末期の創建といい、かつては足穂稲荷・五社神社とも呼ばれた。昭和40年（1965）、住居表示改正により馬橋の地名が失われるのを惜しみ現在の社号に改めた。

品川神社
（東京都品川区）

文治3年(1187)に源頼朝が創建したという古社で、東京十社の一つ。徳川家康も戦勝祈願をしたと伝わる。境内の富士塚と、龍が巻きついた鳥居でも有名。

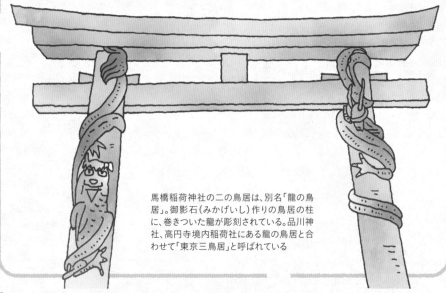

馬橋稲荷神社の二の鳥居は、別名「龍の鳥居」。御影石（みかげいし）作りの鳥居の柱に、巻きついた龍が彫刻されている。品川神社、高円寺境内稲荷社にある龍の鳥居と合わせて「東京三鳥居」と呼ばれている

ほかにもたくさんある！

神様にゆかりのある動物

日本各地にある神社は、それぞれに由緒と歴史をもつ。
そのなかで、独特な動物を神使などにしていることがある。探してみると楽しい。

ニワトリ

天照大御神が天の岩屋に隠れたとき、その前で鳴かせて出ることを促したと『古事記』にはあり、天照大御神の神使ともされる。天照大御神と直接関係のない神社でも飼われている。

 会える神社

❖ **伊勢神宮**（三重県伊勢市）
❖ **熱田神宮**（愛知県名古屋市）
❖ **石上神宮**（奈良県天理市）

トラ

十二支の一つとして像が置かれる場合と、毘沙門天の神使として置かれる場合がある。徳川家康が寅年生まれだったことから、日光東照宮にはトラの彫刻が多い。

会える神社

❖ **日光東照宮**（栃木県日光市）
❖ **大江神社**（大阪府大阪市）
❖ **虎狛神社**（東京都調布市）

ウナギ

水神や虚空蔵菩薩の神使とされる。近世では三嶋大社が有名で、かつて氏子や参拝者はウナギを口にしなかった。今は神社周辺に多くのウナギ店がある。

会える神社

❖ **三嶋大社**（静岡県三島市）
❖ **三嶋神社**（京都府京都市）
❖ **原山神社**（山梨県甲府市）

ナマズ

ナマズは神使とされる場合と、地震の元凶とされる場合がある。豊玉姫神社は豊玉姫命の神使とし、大森宮は武将を助けたと伝える。鹿島神宮境内には御祭神に踏まれる像がある。

会える神社

❖ **豊玉姫神社**（佐賀県嬉野市）
❖ **大森宮**（福岡県福津市）
❖ **鹿島神宮**（茨城県鹿嶋市）

今も暮らしに根づく十二支

十二支と方位

　神社の楼門などの蟇股（カエルの後ろ足のような形をした飾り）に十二支の像が彫られていることがある。自分の生まれ年の像はどこだろうと気になるが、十二支と方位の関係を知っていれば探しやすい。下の図でわかるように、子（ネズミ）を北とし、以下時計回りに十二支が十二方位に配当されている。建物に彫られた十二支の像もおおむねこれに従って配置されている。

十二支と時間

　干支は年にだけついているわけではない。月にも日にも干支がついている。それだけではない。時間にも十二支が配当されている。実はこの習慣は今も生きていて、午前とは午の刻の前ということだ。お化けがでる丑三つ時は、夜の丑の刻を4分割したうちの3番目の時のこと。今でいうと午前2時から2時半頃にあたる。ただし夏と冬では多少のズレが生じる。

十二支が表す方位・時間・月

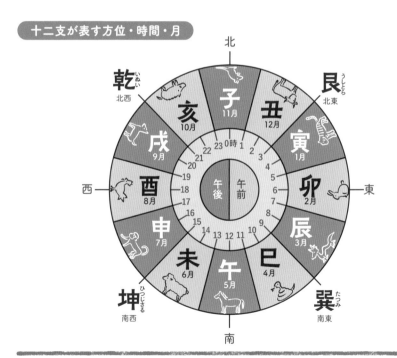

第4章

神道とは何か？

神社とは切り離せない「神道」。
そもそも神道とは宗教なのか、歴史のなかでどう変わっていったのか。
「聖典」をもたないがゆえに、
わかりにくいことも多い神道について、
11の質問形式でやさしく解説する。

神道は「非宗教」なの？

祀られている神様を知らずに参拝する日本人？

「何事の おわしますをば 知らねども
　　　かたじけなさに 涙こぼるる」

　この和歌は、平安末期の歌人・西行が伊勢神宮で詠んだものとされる。「どんな神様が祀られているのか知らないけれど、ありがたさを感じて涙がこぼれる」そんなことがあるだろうかと思ってしまうが、実はわれわれも似たようなことをしている。

　たとえば、初詣。普段は静かな神社にも多くの人々が参拝に訪れるが、少なからぬ人がどんな神様が祀られているかを知らずにお参りしているのではないだろうか。

　こうしたことはキリスト教やイスラム教では考えられないことで、ほかの宗教と比較しても珍しいことといえる。

　では、日本人は何も知らずにお参りをしているのか。もちろん、そんなことはない。日本人はそこが聖地であり、礼拝すべきものがあるということを経験的に知っており、その信仰に基づいてお参りをしている。ここに神道の大きな特徴がある。

❀ 世界の宗教の比較

宗教名	キリスト教	イスラム教	仏　教
開祖	イエス・キリスト	預言者ムハンマド	釈迦
発祥地	パレスチナ（イスラエル）	サウジアラビア	インド
信仰対象	主イエス・キリスト	アッラー	仏・菩薩
聖典	聖書	クルアーン（コーラン）	仏典
特徴	神との新たな契約に基づく原罪からの救済	『クルアーン』に示された神の啓示への信仰	煩悩を断って悟りを開き衆生を救済する

曖昧さと寛容さとが神道の特徴

神道には、仏教の釈迦、キリスト教のイエス・キリストのような開祖はなく、教義を記した聖典もない。それゆえ、神道の信者なら必ず守るべき決まりとか、信者になるために経験しなければいけない儀礼といったものはない。

このため、ほかの宗教に対しても寛容だ。異教徒が神社をお参りすることに抵抗はないし、氏子・崇敬者が他教の行事に参加しても問題視されない。

こうしたことから、神道は非宗教、あるいは超宗教的存在といわれることもある。戦前の国家神道もそうであった。

しかし、神道というものが神社（の御祭神）に対する信仰を根幹としている以上、宗教と呼ぶべきであろう。ただし、その境界はほかの宗教に比べて、きわめて曖昧といえる。

この曖昧さゆえに教義などにおいても寛容的で、自分に足りない部分を他宗教から吸収することもできたのである（神社の御祭神のなかには外来神もいる）。この曖昧さと寛容さゆえに神道は時代ごとに姿を変え、日本人の心の支えとなってきたのだ。

おおらかさが神道の魅力なのかもしれないにゃ

ユダヤ教	ヒンドゥー教	道教	神道
なし	なし	なし	なし
パレスチナ（イスラエル）	インド	中国	日本
ヤハウェ	シヴァ神など	元始天尊・天帝など	八百万の神々
タナハ（旧約聖書）	スートラ、タントラなど	道教経典	なし
神が定めた律法に基づく信仰生活	バラモン教の信仰に民間信仰や密教が混淆	神仙思想・陰陽五行説などに基づく民族信仰	自然畏敬、祖霊信仰、農耕信仰などから発展

神道はいつ始まったの？

神道の始まりを定めるのは難しい

　神道は仏教やキリスト教のように開祖を
もたないので、いつ成立したのかを定める
のは難しい。開祖がいれば、開祖が教えを
説き始めたときといった特定の仕方ができ
るが、それがない神道は、「ここが始まり」
とみなせる歴史的出来事をもたない。ここ
にも神道の曖昧さがあるのだ。

　起源は神道をどう考えるかによっても変
わる。「日本人の信仰」とするならば、日
本列島に人が住むようになった時代までさ
かのぼることになる。だが、原始的な石器
しかなかった時代の信仰を、神社で整然と
行われている神事と同列に扱えるだろうか。

　では、神社で行われている諸行事・諸儀
礼が成立した頃だろうか。そう考えると古
墳時代頃ということになる。鏡・勾玉・剣
といった古墳の主要な副葬品が、多くの神
社で御神体とされていることも、この説を
補強しているように思われる。しかし、神
道の根幹をなす信仰の一つ、稲作信仰は弥
生時代にさかのぼることができる。

仏教だったら
釈迦がいた紀元前
5〜6世紀頃に始まったって
いえるのにゃ〜

神話・神社・祭で伝わってきた神道の信仰

　また、切妻造・平入りという伊勢神宮正
殿の建築様式(→P17)は、弥生時代の穀倉
に由来するといわれる。『古事記』『日本書
紀』（合わせて「記紀」と呼ばれる）で語ら
れる神話にも、弥生時代を思わせる描写が
ある。では、神道の始まりは弥生時代なの
か。土偶に象徴される縄文時代の特異な信
仰は、神道と無関係なのであろうか。

　このように、考えれば考えるほどわから

なくなってしまう。

　繰り返しになるが、こうした曖昧さが神
道の特徴であり特質といえる。曖昧である
がゆえに、さまざまな人の心を受け入れ包
摂することができたのである。

　だが、このような曖昧で教祖も経典も教
義ももたない宗教を、日本人はどうやって
受け継いできたのだろうか。

　これについてもいろいろな考え方がある
が、神話と神社と祭（神事）が重要な働き
をしたといえよう。これらによって日本人
は神道が理想とする神話的世界を追体験し、
神道の価値観・信仰を体験的に身につけて
きたのである。

🌸 古代の年表

時代		年	出来事（青字は神道に関係が深い出来事）
旧石器時代		約4万年前	日本に人類が移り住む
縄文時代		BC1万3000年～ BC1万1000年頃	縄文土器・土偶が作られ始める
弥生時代		BC3世紀頃	日本で稲作が広まる
		紀元	
		57年	倭奴国王が後漢（中国）に遣いを送り、金印を受ける
古墳時代		239年	邪馬台国の女王・卑弥呼が魏（中国）に遣いを送る
			古墳の副葬品として、鏡、勾玉、金属武器が作られる
		593年	聖徳太子が推古天皇の摂政になる
飛鳥時代		645年	大化の改新
		646年	薄葬令
		673年	大伯皇女、斎宮となる（実質的な斎宮制度の始まり）
		675年	祈年祭、畿内を中心に始まる
		681年	畿内・諸国に天社・地社の社殿を修造させる
		685年	伊勢神宮の遷宮制度が定められる
		689年	飛鳥清御原令が頒布される（神祇官制度の制定）
		694年	藤原京遷都
		701年	大宝律令が施行される（神祇官制度の確立）
奈良時代		710年	平城京遷都
		712年	元明天皇が太安万侶に筆録させ、『古事記』が成立
		713年	『風土記』編纂の官命が出される
		720年	舎人親王が『日本書記』を元正天皇に撰上
平安時代		794年	平安京遷都
		798年	官国幣社の実施

銅鐸に稲作に関連する絵が刻まれる

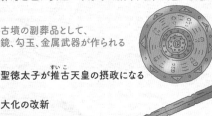

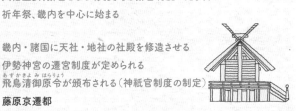

記紀と神道の関係とは？

『古事記』『日本書紀』は聖典ではない

　先述のように、神道にはキリスト教の『聖書』、仏教の仏典（『般若心経』『法華経』など）に相当するような聖典がない。『古事記』『日本書紀』が聖典であるといわれることもあるが、神道儀礼のなかで『古事記』『日本書紀』の一節が読み上げられたりすることもなければ、両書を礼拝したりすることもないので、聖典ということはできない。

　そもそも『古事記』『日本書紀』は信仰の書として書かれたわけではなく、歴史書として編纂された。ただ、その冒頭（『古事記』は全体の3分の1、『日本書紀』は10分の1）に神話が収録されているので、神道典籍として重視されてきた。しかし、その神話も、宗教的な寓話ではなく、天皇が日本の統治者であることの正当性を示すための「歴史」として語られている。

　『古事記』『日本書紀』の神話に宗教的意義を見出したのは、本居宣長や平田篤胤といった近世の国学者たちであった。彼らは記紀神話にこそ、日本古来の信仰が記されていると考えたのである（→P213）。

✿ 神話に関する文献一覧

書名	古事記	日本書紀

編纂年	和銅5年（712）	養老4年（720）
編纂者	稗田阿礼・太安万侶	舎人親王ほか
内容	神話から推古天皇までの歴史	神話から持統天皇までの歴史

『風土記』や『万葉集』などにも記されている神話

　日本の神話というと『古事記』『日本書紀』が思い浮かぶが、神話が記されているのはそればかりではない。断片的ではあるが各国の『風土記』や『万葉集』、祝詞などにも神話は語られている。それらのなかには記紀神話とは異なる内容のものもあり、日本神話の全体像を知るうえで欠かせない資料となっている。

　祝詞については次項で述べるので、ここでは『風土記』などについて説明しておく。『風土記』は和銅6年（713）に朝廷が各地の国司に出した命令によって編纂された地誌。地形や産物だけではなく、神話・伝説などが収録されている。たとえば出雲国や播磨国の『風土記』には、記紀神話とは異なる、おおらかで民話的な大国主神（→P80）の話が載っている。また、『常陸国風土記』には「倭武天皇」が各地を巡幸した話があり、記紀神話とは別のヤマトタケル伝説（→P124）の存在を示唆している。

　あまり知られていないが、『万葉集』には神話を題材とした歌が少なからずある。やはり記紀神話とは異なる神話も含まれているようなのだが、歌であるため断片的な情報しか読み取ることができない。

『風土記』は出雲国や常陸国など一部の国のものしか伝わってにゃいんにゃ

風土記

8世紀

国司？

国ごとの地誌。神話も収録

万葉集

8世紀末頃

大伴家持？

日本最古の和歌集

祝詞って何?

神職が唱える祝詞は
お経の仲間ではない

　昇殿参拝（正式参拝）のときなどに、神職が唱えてくれる祝詞。「お経みたいなもの」といわれてしまうこともあるが、祝詞とお経は本質的に違う。

　どちらも礼拝対象に向かって唱えるもので、聞き慣れない者には呪文のように聞こえるため、同様のものと思ってしまうのも仕方がない面もあるが、お経が、いわば釈迦の言行録であるのに対し、祝詞は神様と人をつなぐための手紙とでもいうべきものだ。

　祝詞には宣下体（宣命体）と奏上体の2種類がある。前者には神様から人間に向けた言葉、後者には人間から神様に向けた感謝やお願いの言葉が記される。

　現在の神社で唱える祝詞は、ほとんどが奏上体のもの。たとえば昇殿参拝のときの祝詞は、参拝者の氏名と参拝目的が述べられ、その願いがかなうよう神助が願われる。祭の祝詞では、神社の創建の由来や御祭神の活躍などが述べられることもある。

神事の際に神職が奏上する祝詞は、御祭神の神徳を称（たた）え、神饌（しんせん）・幣帛（へいはく）を供えたことと、祈願の趣旨が述べられるのが一般的

地鎮祭には、土地の神様に敬意をはらい、工事の安全を願うといった内容の祝詞が奏上される

天の岩屋隠れ（→P75）で、天児屋命が「布詔戸言（ふとのりとごと）」を奏上したことが、祝詞の起源といわれる

神社拝詞（はいし）

掛（か）けまくも畏（かしこ）き

○○神社の大前（おおまえ）を拝（おろが）み奉（まつ）りて

恐（かしこ）み恐（かしこ）みも白（もう）さく

大神等（おおかみたち）の広（ひろ）き厚（あつ）き御恵（みめぐみ）を辱（かたじけな）み奉（まつ）り

高（たか）き尊（とうと）き神教（みおしえ）のまにまに

天皇（すめらみこと）を仰（あお）ぎ奉（まつ）り

直（なお）き正（ただ）しき真心（まごころ）をもちて

誠（まこと）の道（みち）に違（たが）ふことなく

負（お）ひ持（も）つ業（わざ）に励（はげ）ましめ給（たま）ひ

家門（いえかど）高（たか）く身（み）健（すこ）やかに

世（よ）のため人（ひと）のために尽（つく）さしめ給（たま）へと

恐（かしこ）み恐（かしこ）みも白（もう）す

略拝詞

祓（はら）へ給（たま）へ 清（きよ）め給（たま）へ

守（まも）り給（たま）へ 幸（さきわ）へ給（たま）へ

「神社拝詞」は、神社を参拝するときに唱える祝詞。「神様のお恵みに感謝し、これからも正しい心をもって努力していきます」といった意味。「略拝詞」は神社や神棚を拝礼するときに唱える略式の詞。短いので、参拝するときなどに唱えてみよう

祝詞の根底には口にした言葉は実現するという「言霊信仰（ことだましんこう）」があるんにゃ

祝詞に読み込まれた現代の神話とは

　6月30日と大晦日に行われる大祓（おおはらえ）では、平安時代と同じ祝詞が奏上される（一部略されている）。この祝詞は名文として知られるが、『古事記』『日本書紀』には記されていない神話が述べられているということでも重要である。

　大祓の祝詞「大祓詞（おおはらえのことば）」では、天津神（あまつかみ）が地上を平定した経緯が述べられたあと、大祓で人々から祓い落とされた日本国中の罪穢（けが）れを、神々がいかに処理するかが語られる。

　この後半部分は、遠い過去の神話ではなく、今現在行われている神々の活動、すなわち現代の神話として述べられている。

　それによると、祓い落とされた罪穢れは川に流れ込むのだという。それを瀬織津比売神（せおりつひめのかみ）が大海原に持ち出すと、沖合の潮流が合流して渦を巻くところにいる速開津比咩神（はやあきつひめのかみ）ががぶがぶと呑み込む。呑み込まれた罪穢れは根国底国（ねのくにそこくに）（地底の底にある世界）に通じる場所に流れ込むので、その門戸にいる気吹戸主神（いぶきどぬしのかみ）が根国底国へ吹き流し、最後は根国底国にいる速佐須良比売神（はやさすらひめのかみ）が消滅させるのである。この4柱の神を祓戸神（はらえどのかみ）というが、『古事記』『日本書紀』に登場するのは速開津比咩神だけだ。

神仏習合って何？

仏教伝来によって神道は成立した？

「神仏習合」とは、神道と仏教が混じり合うことをいう。よく誤解されることなのだが、神仏習合は神道と仏教の区別がなくなることではない。神仏習合時代の人々も神社とお寺は区別していたし、神様と仏様の違いも意識していた。

　一体化したのではなく、その境界が曖昧になったのだ。たとえば、大国主神を日本の神様とすることは変わらないが、それを勢至菩薩の化身でもあると考えるのが神仏習合なのである。

　神仏習合は、6世紀半ばに仏教が日本に伝えられた際、仏様を外国の神様と考えて受け入れたときから始まったといえる。それ以前から、中国や朝鮮半島由来の神様が日本古来の神様と同じように信仰されていたので、それと同じことと考えられたのだ。

　ところが、仏教は体系的で緻密な教理をもった宗教であるうえに、仏像や寺院を作る技術をも伴った一つの文化であった。

　当時の神道の担い手たちは、この圧倒的な存在感をもつ仏教を前にして深刻なカルチャーショックを受けた。その衝撃が宗教としての神道を成立させたともいえる。

神様は仏様の化身か？ 仏様が神様の化身か？

　仏教伝来以前は、神様を崇敬し祀ることはごく当たり前のことであった。しかし、壮麗な建物の中で光り輝く異国の「神」の出現により、なぜ新しい神様ではなく従来の神様を祀り続けるのかを考えなければならなくなった。これにより、神道こそが日本古来の信仰を伝えるものという意識が芽生えたのである。

　たとえば、神社の社殿建築は寺院建築を強く意識したものとなっている。寺院の屋根に置く瓦や柱の下に据える礎石は建築の耐久性を高める機能をもつが、社殿建築ではそうした仏教由来の技術は意図的に避けられてきた。寺院とは違う場所であることを、こうしたことで示そうとしたのだ。

　その一方で、仏教から取り入れたことも、時代が下るにつれて増えていった。たとえば、仏教の用語や世界観を用いて、神道の思想や神話観を語るようになったことだ。

　そうしたなかで、とくに問題になったのが神様と仏様の関係であった。神様は仏教を守るものなのか、仏様の化身なのか（これを本地垂迹という）、仏様が神様の化身なのかなどと、さまざまな説が出された。

春日権現などの「権現」とは仏が現した仮の姿という意味なのにゃ

神様（垂迹）と仏様（本地）の対応例

本地垂迹説では、神様は本体（本地）である仏様が仮に現した姿（垂迹）であるとするが、どの仏様がどの神様の本地であるかは神社によって異なる。
以下の表はあくまでも一例である。また、今と御祭神が異なるところもある。

神様（垂迹）	仏様（本地）	神社
天照大御神 （あまてらすおおみかみ）	盧舎那仏 （るしゃなぶつ）	伊勢神宮 （いせ）
家津美御子大神（素戔嗚尊） （けつみみこのおおかみ すさのおのみこと）	阿弥陀如来 （あみだにょらい）	熊野本宮大社 （くまののほんぐう）
熊野速玉大神（伊弉諾尊） （くまのはやたまのおおかみ いざなぎのみこと）	薬師如来 （やくし）	熊野速玉大社 （はやたま）
熊野夫須美大神（伊弉冉尊） （くまのふすみのおおかみ いざなみのみこと）	千手観音 （せんじゅかんのん）	熊野那智大社 （なち）
底筒男命 （そこつつのおのみこと） 中筒男命 （なか） 表筒男命 （うわ）	薬師如来 阿弥陀如来 大日如来 （だいにち）	住吉大社 （すみよし）
春日権現 （かすがごんげん）	不空羂索観音 （ふくうけんじゃく）	春日大社 （かすが）
牛頭天王（素戔嗚尊） （ごずてんのう）	薬師如来	祇園感神院（八坂神社） （ぎおんかんしんいん やさか）
武甕槌大神 （たけみかづちのおおかみ）	十一面観音 （じゅういちめん）	鹿島神宮 （かしま）
経津主大神 （ふつぬしのおおかみ）	十一面観音	香取神宮 （かとり）

> 盧舎那仏

> 薬師如来

> 阿弥陀如来

> 千手観音

> 天照大御神

> 熊野速玉大神
（伊弉諾尊）

> 家津美御子大神
（素戔嗚尊）

> 熊野夫須美大神
（伊弉冉尊）

御霊信仰って何?

死霊への恐れから生まれた信仰

「御霊」と書いて「ごりょう」と読む。強い怨みをもったまま死んだ者の死霊のことで、疫病の流行などの祟りをなすと恐れられていた。

もともと日本人は死霊に対する恐れを抱いており、それが神道の起源の一つになっている。死霊化した伊邪那美命の姿を見てしまうというタブーを犯した伊邪那岐命が、鬼女と伊邪那美命に追いかけられるという、『古事記』『日本書紀』の有名な神話も、こうした信仰に基づく話である。

しかし、死霊がもたらす災いはごく限られた対象にのみ及ぶもので、多数の人間が命を失うこともある神様の祟りとは別のものと考えられていた。

こうした神様と死霊の祟りの区別に変化が生じたのは、奈良時代末のことであった。大規模な災害や疫病が続けて起こり、それらが政争に敗れて死んだ者（御霊）の祟りだと信じられたのである。

この背景には、平城京や平安京といった都市の出現による人口の集中と環境の悪化があるとされている。疫病が流行りやすい条件が整ってしまったのだ。

死霊化した伊邪那美命がこの世に出てこないよう、伊邪那岐命は千引石（ちびきのいわ）で道を塞いだ

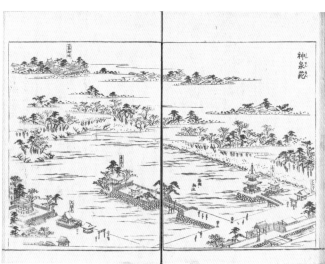

『都名所図会「神泉苑」』秋里籬島 著、竹原信繁 画（出典：国立国会図書館ウェブサイト）

神泉苑はもともと平安京の大内裏に接して造られた天皇のための庭園だった。空海が祈雨（雨乞い）の修法を行ったことから、東寺が管轄する祈雨の道場となった

貞観5年の御霊会で祀られた、崇道天皇

宮廷儀式や祭事、民間の宗教上の風俗などを集めて描かれた『年中行事絵巻』に見える祇園御霊会の様子（上図は写本）。人々に担がれて渡御する神輿のほか、右上のほうには、邪気祓いとなる獅子舞の姿もある

『年中行事絵巻』土佐光長 画／写
（出典：国立国会図書館ウェブサイト）

疫神は賑やかに祀って追い出す

　政争による社会不安もあって、御霊への恐怖は社会現象化した。朝廷は、御霊たちを神様と同様に祀ることで、祟りを鎮めようとした。

　記録に残る最初の御霊の祀り（御霊会）は、貞観5年（863）に神泉苑で行われたもので、崇道天皇（早良親王）・伊予親王・藤原夫人（伊予親王の母）・観察使（藤原仲成）・橘 逸勢・文室宮田麻呂が祀られた。

　この祭で注目されるのは、神泉苑の4つの門が開放され、庶民の入苑を許したことだ。朝廷の祭祀の場に民衆が近づけるというのは希有なことであった。御霊の猛威を祓うため、民衆の旺盛な生命力を利用しようとしたのだろう。歌舞音曲で賑やかに囃し立て、神輿や山車で練り歩いて御霊（疫神）を街の外へ送り出す祭の原形がこのと

きに形成された。

　その後、祀られる御霊の数は増え、都には御霊神を祀る神社も建てられた。日本三大祭の一つ、祇園祭（祇園御霊会）もこうした御霊会の一種として始まった。平安末期に成立した『年中行事絵巻』には、さまざまな芸能を伴って渡御する神輿の様子が描かれている。

御霊会として始まった祇園祭は、現在も京都の夏の風物詩だ

修験道と神道の関係は？

修験道はハイブリッドな宗教

　神道が仏教の影響を受けて、教義や儀礼、社殿建築を整備していった半面、仏教も日本に定着するにつれて、しだいに神道化していった。こうしたなかから生まれたのが修験道であった。

　修験道は、神道の方から見ても仏教の方から見ても、異質な信仰だといえる。神道では山を神様や祖霊が住む場所として神聖視しており、とくに霊山とされる場所には立ち入らず、遙拝するものであった。また、仏教は都市的な宗教で、町中の僧院で瞑想

を中心とした行と知的訓練によって悟りを目指すものであった。

　これに対して修験道は、霊地を修行場とし、命を危険にさらして苦行を行うことにより超自然的な力を得ようというものであった。そこには神道の山岳信仰や仏教の密教呪法のみならず、シャーマニズムやアニミズム、中国の神仙思想・陰陽五行説・易占といった、東アジアのさまざまな信仰・儀礼・呪法が含まれており、いわばハイブリッドな宗教ということができる。

紆余曲折があった修験道の歴史

　修験道も神道同様、各地で自然発生的に始まった。奈良県御所市の葛城山を拠点とした役小角（7世紀後半〜8世紀）を開祖とする伝承があるが、これは修験道が宗派化する過程で広まったものだ。

　各地の霊山の伝説などから推測すると、奈良時代の初め頃より、断片的な密教を学んだ僧が霊山で修行をするようになり、やがて

役小角は役行者とも呼ばれる。鬼神を使役できるほどの法力があるといわれ、前鬼・後鬼（ぜんき・ごき）を従えた図像で描かれることも多い

そこが行場として整備されて、山の神やその本地である仏を祀る社殿・仏堂が建てられるようになったようだ。

　こうして山で修行する者が増えるにつれ、いくつもの霊山を渡り歩いて修行する者も現れ、修行法や教義が統一・体系化されていった。やがて修験道は天台宗系（本山派）と真言宗系（当山派）に二分された。

　近世には幕府の宗教政策の影響で町や村に定住する修験者が増え、庶民にとってもっとも身近な宗教者となった。人々の求めに応じて祈禱や占いなどを行っていたのだが、明治政府は宗派としての修験道を認めなかったため、多くの修験道場が神道に改宗し、神社に模様替えすることとなった。

　戦後、修験宗の復活が認められ、金峯山修験本宗などが独立を果たした。

さまざまな要素を含む修験道

仏教　（主に密教呪法）

神道　（主に山岳信仰）

シャーマニズム

アニミズム

道教　（神仙思想、陰陽五行説、易占）

<ruby>星辰<rt>せいしん</rt></ruby>信仰

※修験者（山伏）の装束は宗派や地域によって異なる。上の図はイメージ

両部神道や山王神道って何?

理論化された神道
両部神道と山王神道

　ここまで何度か述べたように、神道には聖書や仏典のような聖典はなく、体系化された教理もなかった。しかし、仏教との関係が深くなるにつれて、神道の信仰や世界観、儀礼などについて体系的に述べた教義が求められるようになった。

　この試みに最初に手をつけたのは、論理的に物事を考えることに慣れた僧侶たちであった。とくに真言宗の僧は、神道で重視される伊勢神宮が内宮と外宮の2宮からな

ることに注目し、これが密教で根本本尊とされる両部（両界）曼荼羅の胎蔵（界）曼荼羅と金剛界曼荼羅に相当するとした。ここから、この神道理論は両部神道と呼ばれる。

　一方、天台宗は、日吉大社が鎮座する霊山・比叡山に総本山があることから、日吉大社の信仰を仏教的に説明することを行った。日吉大社は山王権現とも呼ばれたため、その神道教説は山王神道という。

　こうした仏教側の動きに対し、神道界においても教義書の作成が盛んになった。なかでも活発であったのが、伊勢神宮の外宮であった。

両部神道

両部鳥居

成立	平安時代後期～鎌倉時代初期
主導	真言宗の僧侶
概要	伊勢神宮の内宮と外宮は、密教の両部曼荼羅に相当するという教義。両部習合神道とも呼ばれる。

山王神道

山王鳥居

成立	平安時代後期～鎌倉時代初期
主導	天台宗の僧侶
概要	日吉大社の信仰を仏教的に説明。名前は、日吉大社が山王権現とも呼ばれたことに由来。天台神道、日吉神道とも。

伊勢神道

神道五部書

成立	鎌倉時代後期
主導	伊勢神宮外宮の神官・度会氏
概要	『神道五部書』を根本神典とし、外宮の御祭神・豊受大神は、内宮の天照大御神より目上と主張。度会神道、外宮神道とも。

吉田神道

吉田兼倶

成立	室町時代
主導	神祇官大副・吉田兼倶
概要	両部神道や本地垂迹説を批判し、神こそ本地で仏が垂迹であるという、唯一神道を主張。応仁の乱以降、神道界を牛耳る。

中世的神道の確立 伊勢神道と吉田神道

　もともと伊勢神宮の外宮は天照大御神の御饌都神を祀る宮で、内宮の別宮的な存在であった。こうした位置づけに不満を抱いた外宮に仕える度会氏は、両部神道の説を受けて内宮と外宮は同等であると説いた。さらに、外宮の御祭神である豊受大神は、『古事記』で天地の始まりに現れた神様、天之御中主神（→P70）だとし、天照大御神より目上の神様だと主張したのである。

　伊勢神道の教義のなかで、後世に強い影響を与えたものが神国思想であった。これは中近世の国家観の基幹となり、尊皇攘夷思想へと結びついていった。

　中世後期から近世にかけて、神道界に大きな勢力をもったのが吉田神道である。吉田神道は、神祇大副（神祇官の次官）で吉田神社の神職も務めていた吉田卜部の家に生まれた、吉田兼倶（1435〜1511）によって創始された。

　兼倶は唯一神道（純粋神道）を標榜したが、実際は神仏習合的な教義を神道的な用語で言い換えたものであった。しかし、応仁の乱で機能不全に陥った神祇官に代わって神階・神号の授与を行い、神道界を牛耳ったのであった。

もともと教義がないからいろいろな解釈がしやすかったのかにゃ?

復古神道って何？

儒家神道から国学へ

　近世に入ると、儒者（儒教の学者）たちが熱心に神道を論じるようになった。これを儒家神道という。

　この背景には、外来宗教であるにもかかわらず、仏教が日本の宗教界を牛耳っていることへの反発があった。日本人は日本古来の信仰に基づいて生き、葬られるべきであるとしたのである。

　中国思想（宗教）の儒教を学ぶ儒者がそうした指摘をするのは矛盾であるし、その説も儒教の延長線上のものでしかなかった

が、儒家神道の影響は大きく、水戸藩や岡山藩では廃仏毀釈や神葬祭（神道式の葬式）の強要などが行われた。

　そして、日本古来の信仰に戻るべきという主張は、国学の思想にも大きな変化をもたらした。

　国学とは日本の古典を研究する学問で、仏典や儒教経典に比べて低く見られていたそれらの典籍を再評価するものであった。儒家神道の「古代の信仰に戻るべき」という説を受け、国学者たちは古代の日本人の心を古典に見出そうとした。こうした思想を復古神道という。

🌸 国学の四大人

荷田春満
かだのあずままろ(1669〜1736)

伏見稲荷神社（現・伏見稲荷大社）の神官・羽倉信詮の次男として生まれる。初名は信盛、のちに東丸または春満、東麿とも書く。通称は斎宮。家学の神道と歌学を修め、古語・古文の研究を通して復古神道を説く。

賀茂真淵
かものまぶち(1697〜1769)

遠江（静岡県）浜松の神官の子で、俗姓は岡部氏。早くから文学に親しみ、上京して荷田春満に学ぶ。『万葉集』を中心に古典を研究し、古道の意義を強調。著書に『万葉考』『国意考』『歌意考』などがある。

古道を探った4人の国学者

　国学者たちは、自分たちの思想を従来の神道と区別するため「古道」と呼び、「漢意<ruby>漢<rt>から</rt></ruby><ruby>意<rt>ごころ</rt></ruby>」（外来思想）で神道を理解しようとする僧や儒者を批判した。その先鞭をつけたのは契沖<ruby>契沖<rt>けいちゅう</rt></ruby>（1640〜1701）で、文献学的方法で『万葉集』などの古典を分析し、神国日本の姿を明らかにしようとした。

　この文献学的方法を受け継いだのが、伏見稲荷<ruby>伏<rt>ふし</rt></ruby><ruby>見稲荷<rt>みいなり</rt></ruby>の社家（神職の家柄）に生まれた荷田春満<ruby>荷<rt>か</rt></ruby><ruby>田春満<rt>だのあずままろ</rt></ruby>（1669〜1736）であった。彼は『万葉集』や『日本書紀』の研究を通して「神祇<ruby>神<rt>じん</rt></ruby><ruby>祇<rt>ぎ</rt></ruby>（神道）道徳」を追究した。

　浜松の賀茂神社の社家に生まれた賀茂真淵<ruby>賀茂真<rt>かものま</rt></ruby><ruby>淵<rt>ぶち</rt></ruby>（1697〜1769）は春満晩年の弟子で、やはり『万葉集』を重視した。そして、古道は仏教・儒教のように善悪を峻別<ruby>峻別<rt>しゅんべつ</rt></ruby>する硬直的な教えではないとした。

　こうした思想を受け継ぎ、国学を大成させたのが本居宣長（1730〜1801）であった。宣長は『古事記』を重視し、そこに記された神々の事績にこそ人が目指すものがあるとした。

　宣長の死後の弟子となった平田篤胤<ruby>平<rt>ひら</rt></ruby><ruby>田<rt>た</rt></ruby><ruby>篤胤<rt>あつたね</rt></ruby>（1776〜1843）は、文献学的研究より、自己の宗教観・世界観をまとめることを重視した。篤胤は、神道は人間のすべての精神生活の源流であるとし、こうした考えはその後の日本思想に大きな影響を与えた。

本居宣長
もとおりのりなが（1730〜1801）

伊勢<ruby>伊<rt>いせ</rt></ruby>(三重県)松坂の木綿商に生まれるが医者となる。本姓は小津氏、のちに先祖の姓である本居を称する。医業の傍らで日本古典を講義。『古事記』を研究し、35年をかけて『古事記伝』44巻を執筆した。

平田篤胤
ひらたあつたね（1776〜1843）

出羽<ruby>出<rt>でわ</rt></ruby>(秋田県)久保田藩士の家に生まれ、のちに備中<ruby>備中<rt>びっちゅう</rt></ruby>(岡山県)松山藩士平田家の養子になる。本居宣長の死後に門人となるが、しだいに実証主義を重んじる師の説と離れる。著書に『仙境異聞<ruby>仙<rt>せん</rt></ruby><ruby>境異聞<rt>きょういぶん</rt></ruby>』『霊能真柱<ruby>霊能真柱<rt>たまのみはしら</rt></ruby>』がある。

神仏分離って何？

神道国教化のために行われた神仏分離と廃仏毀釈

明治政府は、神道を精神的支柱として国造りを行おうとしたが、当時の神社は寺院に経済的に支配されているばかりか、境内にも堂塔が建ち、社殿の中にも仏像があるといったありさまであった。まずこの状態を解消するべく、法律を発布した。

一般に「神仏分離令」と呼ばれるものであるが、実際にはそうした名の法令はなく、慶応4年（明治元年、1868）の3月から10月にかけて発布された一連の太政官符・太政官達・神祇官達の総称である。

具体的な内容は、僧侶が神社に奉仕することの禁止、神社から仏像・仏具等を撤廃すること、神様に対し菩薩とか権現といった敬称を使うことの禁止などであった。

つまり、神社から仏教色を除くことのみを目的としていたのだが、一部の地域では寺院を破壊し仏像や経典を焼く廃仏毀釈に発展した。興福寺のように一時は僧侶がいなくなった寺院もあり、破壊によって貴重な文化財も数多く失われた。

不動明王の姿が廃されて御祭神の名前になるなど、御札にも神仏分離がなされた

明治6〜7年（1873〜1874）に発行された『開化乃入口』は、明治維新や文明開化の様子を紹介した版本。左は政府の命令だからと、寺の仏像や経典、仏具、位牌などを焼く人々と、それを嘆く僧侶の姿を描いた挿絵

『開化乃入口』横河秋濤 著、長谷川貞信 画（出典：国立国会図書館ウェブサイト）

❁神社整理に反対した人物

南方熊楠（1867〜1941）

現在の和歌山県和歌山市に生まれる。博物学、民俗学、植物学など数多くの学問に精通し、「知の巨人」と称される。神社合祀に反対し、神社林などの保護も訴えたため、エコロジーの先駆者とも呼ばれる。

柳田国男（1875〜1962）

現在の兵庫県神崎郡福崎町生まれ。農商務官僚などを務める一方、日本民俗学を確立し、『遠野物語』『蝸牛考』などを著す。南方熊楠が神社合祀を批判した文書を印刷・配布するなど、南方の運動を助けた。

神社整理で 20万社から12万社に減少

　神仏分離を機に神社に姿を変えた寺院も少なくない。たとえば、奈良県の談山神社や吉水神社などがその例である。

　では、神社の方は安泰だったかというと、必ずしもそうではなかった。明治政府は中小の神社、とくに地域住民などによって維持されている小社は、神社の威厳を損なうものとして統合・整理の対象とした。

　これを神社整理（神社合祀）というが、一町村一社が目標という、かなり乱暴なもので、地域の数社をまとめて一社にしたり、小祠をまとめて村社の境内に移したりした。民間信仰の対象となっていたもののなかに

は、淫祠（いかがわしいものを神として祀ること）などとされて撤去されたものもあった。

　これには当然反発も多く、議会でも議論となった。博物学者の南方熊楠や民俗学の祖の柳田国男らも反対運動を起こした。

　こうしたことから、大正7年(1918)には神社整理は休止状態になったが、その間に全国でおよそ20万社あった神社は12万社に減少したともいわれる。

廃仏毀釈で文化財が破壊され神社合祀で自然も破壊されたんだにゃ

戦後の神道はどうなったの?

精神的支柱だった国家神道とその解体

　第2次世界大戦での敗戦以前の神道のことは「国家神道」とも呼ばれる。これは昭和20年（1945）にGHQ（連合国軍最高司令官総司令部）が神道と国家の分離を命じた、いわゆる「神道指令」に出てくる言葉で、その定義や適用範囲、使用の適否については議論がある。

　しかし、終戦以前の政府が神道を国の精神的支柱に位置づけていたことは事実であ

り、諸宗教の上の存在として「非宗教」と定義し（→P196）、その価値観を積極的に国民に教育していたことも事実である。

　そのように政府が神道に強くこだわったのは、天皇制が神道を基盤の一つとしていることに加え、国のアイデンティティとして、「神国日本」を"諸国に勝る"理由としようとしたからだと思われる。

　だが、こうしたことは政教分離を原則とする国際社会の常識に反することであったし、国内的にも無理のある政策であった。このため敗戦とともに国家神道は否定され、神道は仏教やキリスト教などと同等の宗教として再出発することになった。

包括宗教法人・神社本庁の設立

　一宗教の立場となった神道は、それに応じた組織を構築しなければならなくなった。それが神社本庁であった。

　仏教でいうと、各寺院は独立した宗教法人である。一方で、所属する「○○宗」も宗教法人であり、これを包括宗教法人という。神社本庁も全国の神社を統括する包括宗教法人として設立された。仏教は多くの宗派に分かれているので包括宗教法人もたくさん存在しているが、神道には宗派はないので神社本庁だけで全国を管轄し、その下に各都道府県の神社庁がある（神社本庁に属さない神社もある）。

　高度経済成長期以降、価値観の多様化な

どにより参拝者が減少したこともあったが、近年は神社参拝のよさが再評価されてきている。

　マンガやアニメで神社を舞台とするものが増えたこともあって、神社はそういった意味での「聖地」にもなっている。また、現代建築の神社も増え、伝統的なだけではない神社のあり方も模索されている。

神社に新たな魅力を見つける人も増えているのかにゃ～

神社本庁

昭和21年（1946）に設立。伊勢神宮を本宗とし、全国8万社の神社を包括。神社の興隆とともに、日本の伝統と文化を守り伝える。

虎ノ門・金刀比羅宮

東京都港区虎ノ門に鎮座。社殿は第2次世界大戦で焼失後に再建。敷地内に高層オフィスビルがあり、社務所や神楽殿などの施設と一体化している。

武蔵野坐令和神社

正式名は「むさしのにますうるわしきやまとのみやしろ」。埼玉県所沢市に開業した「ところざわサクラタウン」内に鎮座する。社殿のデザイン監修は、世界的建築家の隈研吾氏。文芸・芸術・芸能といったコンテンツの表現に顕れる神の御稜威「言霊大神」を御祭神とする。

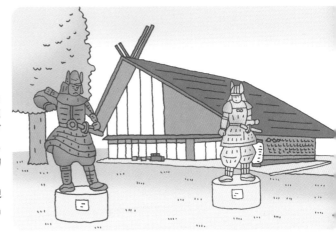

神社名	所在地	御祭神	掲載ページ
ア行 あおしまじんじゃ **青島神社**	宮崎県宮崎市青島2-13-1	彦火火出見命、豊玉姫命、塩筒大神	104
あかまじんぐう **赤間神宮**	山口県下関市阿弥陀寺町4-1	安徳天皇	137
あきはさんほんぐうあきはじんじゃ **秋葉山本宮秋葉神社**	静岡県浜松市天竜区春野町領家841	火之迦具土大神	111
あくなみじんじゃ **飽波神社**	奈良県生駒郡安堵町東安堵1379	素盞嗚尊	138
あづさみてんじんじゃ こかげじんじゃ **阿豆佐味天神社(蚕影神社)**	東京都立川市砂川町4-1-1	少彦名命、天児屋根命	56, 186
あそじんじゃ **阿蘇神社**	熊本県阿蘇市一の宮町宮地3083-1	健磐龍命をはじめとする家族神12神	122
あつたじんぐう **熱田神宮**	愛知県名古屋市熱田区神宮1-1-1	熱田大神(天照大神)	23, 40, 74, 172, 188, 193
あべのせいめいじんじゃ **安倍晴明神社**	大阪府大阪市阿倍野区阿倍野元町5-16 ※阿倍王子神社の飛び地境内社	安倍晴明大神	140
あめのふとだまのことじんじゃ **天太玉命神社**	奈良県橿原市忌部町153	天太玉命、大宮売命、豊石窓命、櫛石窓命	94
あらかわこまがたじんじゃ **荒川駒形神社**	岩手県遠野市附馬牛町上附馬牛14地割	蒼前駒形明神	187
あわじんじゃ **安房神社**	千葉県館山市大神宮589	天太玉命	94
いざなぎじんぐう **伊弉諾神宮**	兵庫県淡路市多賀740	伊弉諾大神、伊弉冉大神	72
いしきりつるぎじんじゃ **石切劔箭神社**	大阪府東大阪市東石切町1-1-1	饒速日尊、可美真手命	121
いずもおおやしろ／いずもたいしゃ **出雲大社**	島根県出雲市大社町杵築東195	大国主大神	13, 17, 21, 33, 43, 66, 80, 103, 175, 184
いせじんぐう **伊勢神宮**	皇大神宮(内宮):三重県伊勢市宇治館町1 豊受大神宮(外宮):三重県伊勢市豊川町279 伊雑宮:三重県志摩市磯部町上之郷374 風:三重県伊勢市豊川町279	皇大神宮(内宮):天照大御神 豊受大神宮(外宮):豊受大御神 伊雑宮:天照大神御魂 風:級長津彦命、級長戸辺命	12, 13, 17, 19, 23, 24, 25, 32, 34, 40, 41, 43, 45, 61, 74, 92, 110, 113, 125, 155, 193, 196, 198, 199, 205, 210, 211, 217
いそのかみじんぐう **石上神宮**	奈良県天理市布留町384	石上大神(布都御魂大神、布留御魂大神、布都斯魂大神)	13, 193
いちのみやじんじゃ **一宮神社**	徳島県徳島市一宮町西丁237	大宜都比売命、天石門別八倉比売命	108
いちのみやぬきさきじんじゃ **一之宮貫前神社**	群馬県富岡市一ノ宮1535	経津主神、比売大神	85, 86
いつくしまじんじゃ **厳島神社**	広島県廿日市市宮島町1-1	市杵島姫命、田心姫命、湍津姫命	23, 101, 172
いぬよじんじゃ **伊奴神社**	愛知県名古屋市西区稲生町2-12	素盞嗚尊、大年命、伊奴姫神	185
いぬ みや **犬の宮**	山形県東置賜郡高畠町高安	三毛犬、四毛犬	185
いまみやえびすじんじゃ **今宮戎神社**	大阪府大阪市浪速区恵美須西1-6-10	天照皇大神、事代主命、ほか3神	162
いわしみずはちまんぐう **石清水八幡宮**	京都府八幡市八幡高坊30	応神天皇、比咩大神、神功皇后	12, 17, 23, 45, 128, 129, 177
いわふねじんじゃ **磐船神社**	大阪府交野市私市9-19-1	天照国照彦天火明櫛玉饒速日命	121
うえすぎじんじゃ **上杉神社**	山形県米沢市丸の内1-4-13	上杉謙信公	147
うさじんぐう **宇佐神宮**	大分県宇佐市南宇佐2859	八幡大神、比売大神、神功皇后	12, 17, 128, 129, 142, 177
うしじまじんじゃ **牛嶋神社**	東京都墨田区向島1-4-5	須佐之男命、天之穂日命、貞辰親王命	179
うだみくまりじんじゃ **宇太水分神社**	奈良県宇陀市菟田野古市場245	天水分神、速秋津彦命、国水分神	17
うつくしごぜんしゃ **美御前社**	京都府京都市東山区祇園町北側625 ※八坂神社の末社	多岐理毘売命、多岐津比売命、市杵島比売命	21
うどじんぐう **鵜戸神宮**	宮崎県日南市大字宮浦3232	日子波瀲武鸕鷀草葺不合尊	107
うべじんじゃ **宇倍神社**	鳥取県鳥取市国府町宮下651	武内宿禰命	127
えのみやじんじゃ **宅宮神社**	徳島県徳島市上八万町上中筋558	大苫邊尊、大年大神、稚武彦命	109
えばらじんじゃ **荏原神社**	東京都品川区北品川2-30-28	高龗神、天照皇大神、豊受姫之命、須佐男之神、手力雄之神、大鳥大神、恵比須神	191
おうじいなりじんじゃ **王子稲荷神社**	東京都北区岸町1-12-26	宇迦之御魂神、宇気母智之神、和久産巣日神	108
おおえじんじゃ **大江神社**	大阪府大阪市天王寺区夕陽丘町5-40	豊受大神、素戔嗚尊、大己貴命、少彦名命、欽明天皇	193
おおかみおおきさきのやしろ みむかいのやしろ **大神大后神社(御向社)**	島根県出雲市大社町杵築東195 ※出雲大社の摂社	須勢理比売命	103

神社名	所在地	御祭神	掲載ページ
おおくにたまじんじゃ 大國魂神社	東京都府中市宮町3-1	大國魂大神	27
おおくにぬしじんじゃ 大国主神社	大阪府大阪市浪速区敷津西1-2-12 ※敷津松之宮の摂社	大国主大神	162, 175
おおさかじょうほうこくじんじゃ 大阪城豊國神社	大阪府大阪市中央区大阪城2-1	豊臣秀吉公、豊臣秀頼公、豊臣秀長卿	145
おおさかてんまんぐう 大阪天満宮	大阪府大阪市北区天神橋2-1-8	菅原道真公	45
おおとしじんじゃ 大年神社	島根県江津市都野津町1554-1	大年神、稲倉魂命	109
おおとよじんじゃ 大豊神社	京都府京都市左京区鹿ケ谷宮ノ前町1	少彦名命、応神天皇、菅原道真公	59, 175
おおとりじんじゃ 大鳥神社	東京都目黒区下目黒3-1-2	日本武尊	191
おおとりたいしゃ 大鳥大社	大阪府堺市西区鳳北町1-1-2	日本武尊、大鳥連祖神	124, 188, 191
おおみわじんじゃ 大神神社	奈良県桜井市三輪1422	大物主大神	19, 23, 83, 165, 180
おおもりぐう 大森宮	福岡県福津市上西郷802	伊弉諾命、伊弉册命、事代主命、水象女命、 大山祇命、石長姫命	193
おおやまづみじんじゃ 大山祇神社	愛媛県今治市大三島町宮浦3327	大山積神	97
おかざきじんじゃ 岡崎神社	京都府京都市左京区岡崎東天王町51	速素盞鳴尊、奇稲田姫命、三女五男八柱御子神	184
おの じんじゃ 小野神社	東京都町田市小野路町885	小野篁公	139
おの てるさきじんじゃ 小野照崎神社	東京都台東区下谷2-13-14	小野篁公、菅原道真公	139
おやまじんじゃ 雄山神社	富山県中新川郡立山町	伊邪那岐神、天手力雄神	91
かきもとじんじゃ 柿本神社	兵庫県明石市人丸町1-26	柿本人麿公	148
かごしまじんぐう 鹿児島神宮	鹿児島県霧島市隼人町内2496-1	彦火火出見尊、豊玉比売命	104
かさまいなりじんじゃ 笠間稲荷神社	茨城県笠間市笠間1	宇迦之御魂神	130
かしいぐう 香椎宮	福岡県福岡市東区香椎4-16-1	仲哀天皇、神功皇后	13
かしはらじんぐう 橿原神宮	奈良県橿原市久米町934	神武天皇、媛蹈鞴五十鈴媛皇后	120
かしまじんぐう 鹿島神宮	茨城県鹿嶋市宮中 2306-1	武甕槌大神	13, 23, 56, 84, 85, 168, 169, 193, 205
かすがたいしゃ 春日大社	奈良県奈良市春日野町160	春日神(武甕槌命、経津主命、 天児屋根命、比売神)	13, 17, 23, 30, 45, 59, 84, 93, 103, 168, 169, 205
がっさんじんじゃ 月山神社	山形県東田川郡庄内町立谷沢字本澤31	月読命	78
かつらぎ ひとことぬしじんじゃ 葛城一言主神社	奈良県御所市森脇432	一言主大神、幼武尊	116
かとりじんぐう 香取神宮	千葉県香取市香取1697	経津主大神	13, 85, 205
かなへびすいじんじゃ 金蛇水神社	宮城県岩沼市三色吉字水神7	金蛇大神 (水速女命)	59, 181
かも じんじゃ 賀茂神社	滋賀県近江八幡市加茂町1691	賀茂建角身命、賀茂玉依比賣命、賀茂別雷命、火雷命	58, 187
かも じんじゃ 賀茂神社	静岡県浜松市中区東伊場1-17-1	鴨建角神、別雷命	213
かもすじんじゃ 神魂神社	島根県松江市大庭町563	伊弉冊大神、伊弉諾大神	17
かも みおやじんじゃ 賀茂御祖神社(下鴨)	京都府京都市左京区下鴨泉川町59	賀茂建角身命、玉依媛命	17, 27, 29, 45, 117
かも わけいかずちじんじゃ 賀茂別雷神社(上賀茂)	京都府京都市北区上賀茂本山339	賀茂別雷大神	17, 27, 29, 45, 117, 187
からさわやまじんじゃ 唐澤山神社	栃木県佐野市富士町1409	藤原秀郷公	150
からすもりじんじゃ 烏森神社	東京都港区新橋2-15-5	倉稲魂命、天鈿女命、瓊々杵尊	173
かんだ じんじゃ 神田神社(神田明神)	東京都千代田区外神田2-16-2	大己貴命、少彦名命、平将門命	23, 44, 45, 134
きしょうじんじゃ 気象神社	東京都杉並区高円寺南4-44-19 ※高円寺氷川神社の境内社	八意思兼命	92
きたの てんまんぐう 北野天満宮	京都府京都市上京区馬喰町	菅原朝臣道真公	12, 132, 133
きび つ じんじゃ 吉備津神社	岡山県岡山市北区吉備津931	大吉備津彦命	123
きび つ ひこじんじゃ 吉備津彦神社	岡山県岡山市北区一宮1043	大吉備津日子命	123

神社名	所在地	御祭神	掲載ページ
貴船神社 きふねじんじゃ	京都府京都市左京区鞍馬貴船町180	高靇神	112
京都ゑびす神社 きょうとゑびすじんじゃ	京都府京都市東山区大和大路四条南	八代事代主大神、大国主大神、少彦名神	162
霧島神宮 きりしまじんぐう	鹿児島県霧島市霧島田口2608-5	天饒石国饒石天津日高彦火瓊瓊杵尊	88
久能山東照宮 くのうざんとうしょうぐう	静岡県静岡市駿河区根古屋390	徳川家康公	146
熊野神社 くまのじんじゃ	埼玉県所沢市西新井町17-35	伊邪那岐命、伊邪那美命、須佐之男命、大名牟遅命、少毘古那命、倉稲魂命、天津彦火瓊々杵命、木花開耶姫命、天兒屋根命、天太玉命	181
熊野那智大社 くまのなちたいしゃ	和歌山県東牟婁郡那智勝浦町那智山1	熊野夫須美大神	12, 13, 118, 172, 173, 205
熊野速玉大社 くまのはやたまたいしゃ	和歌山県新宮市新宮1	熊野速玉大神、熊野夫須美大神	12, 13, 118, 172, 205
熊野本宮大社 くまのほんぐうたいしゃ	和歌山県田辺市本宮町本宮	家都美御子大神	12, 13, 118, 172, 173, 205
雲見浅間神社 くもみせんげんじんじゃ	静岡県賀茂郡松崎町雲見386-2	磐長姫命	96
車折神社 くるまざきじんじゃ	京都府京都市右京区嵯峨朝日町23	清原頼業公	89, 150
芸能神社 げいのうじんじゃ	京都府京都市右京区嵯峨朝日町23 ※車折神社の境内社	天宇受売命	89
氣多大社 けたたいしゃ	石川県羽咋市寺家町ク1-1	大己貴命	80
氣比神宮 けひじんぐう	福井県敦賀市曙町11-68	伊奢沙別命、仲哀天皇、神功皇后、応神天皇、日本武尊、玉姫命、武内宿禰命	23
庚申社 こうしんしゃ	福岡県直方市山部601	猿田彦大神	153
庚申神社 こうしんじんじゃ	埼玉県さいたま市大宮区桜木町1-12-8	猿田彦大神	153
荒神山神社 こうじんやまじんじゃ	滋賀県彦根市清崎町1931	火産霊神、奥津日子神、奥津比売神	155
護王神社 ごおうじんじゃ	京都府京都市上京区烏丸通下長者町下ル桜鶴円町385	和気清麻呂公命、和気広虫姫命	142
國王神社 こくおうじんじゃ	茨城県坂東市岩井951	平将門公	134
御香宮神社 ごこうのみやじんじゃ	京都府京都市伏見区御香宮門前町	神功皇后	126
金刀比羅宮 ことひらぐう	香川県仲多度郡琴平町892-1	大物主神、崇徳天皇	83, 135
虎狛神社 こはくじんじゃ	東京都調布市佐須町1-14-3	大歳御祖神	193
御靈神社(上御霊神社) ごりょうじんじゃ（かみごりょうじんじゃ）	京都府京都市上京区上御霊前通烏丸東入上御霊竪町495	崇道天皇、井上大皇后、他戸親王、藤原大夫人、橘大夫、文大夫、火雷神、吉備大臣	136
歳徳神社 さいとくじんじゃ	栃木県宇都宮市富士見が丘2-22-9	歳徳神	154
歳徳神社 さいとくじんじゃ	兵庫県姫路市飾東町佐良和895	歳徳大神、歳徳大龍神、歳壱大明神	154
佐倍乃神社 さえのじんじゃ	宮城県名取市愛島笠島字西台1-4	猿田彦神、天鈿女命	89
酒列磯前神社 さかつらいそさきじんじゃ	茨城県ひたちなか市磯崎町4607-2	少彦名命	82
櫻田神社 さくらだじんじゃ	東京都港区西麻布3-2-17	豊宇迦能賣神	110
猿田彦神社 さるたひこじんじゃ	三重県伊勢市宇治浦田2-1-10	猿田彦大神	90
猿田彦神社(道祖神社) さるたひこじんじゃ（どうそじんじゃ）	奈良県奈良市今御門町1	猿田彦命、市寸島姫命	152
三光神社 さんこうじんじゃ	大阪府大阪市天王寺区玉造本町14-90	天照大神、月読尊、素戔嗚尊	162
鹽竈神社 しおがまじんじゃ	宮城県塩竈市一森山1-1	塩土老翁神、武甕槌神、経津主神	106
鹽津神社 しおつじんじゃ	滋賀県長浜市西浅井町塩津浜547	塩土老翁神	106
志賀海神社 しかうみじんじゃ	福岡県福岡市東区志賀島877	底津綿津見神、仲津綿津見神、表津綿津見神	100
品川神社 しながわじんじゃ	東京都品川区北品川3-7-15	天比理乃咩命、宇賀之売命、素盞嗚尊	192
信太森神社(葛葉稲荷神社) しのだのもりじんじゃ（くずのはいなりじんじゃ）	大阪府和泉市葛の葉町1-11-47	宇迦御魂神、大己貴神、大宮姫命、素盞男命、猿田彦命、若宮葛乃葉姫	58, 167

掲載神社リスト

タ行

221

掲載神社リスト

223

●参考文献
國學院大學日本文化研究所 編『縮刷版 神道事典』弘文堂、1999年／神社本庁教学研究所 監修『神道いろは——神社とまつりの基礎知識』神社新報社、2004年／神社本庁 監修『神社検定公式テキスト① 神社のいろは』扶桑社、2012年／井上順孝 編『ワードマップ 神道——日本生まれの宗教システム』新曜社、1998年／伊藤聡・遠藤潤・松尾恒一・森瑞枝 著『日本史小百科 神道』東京堂出版、2002年／岡田莊司 編『日本神道史』吉川弘文館、2010年／米澤貴紀 著『神社の解剖図鑑』エクスナレッジ、2016年／神田より子・俵木悟 編『民俗小辞典 神事と芸能』吉川弘文館、2010年／人見春雄・野呂肖生・毛利和夫 編『図解 文化財の見方——歴史散歩の手引』山川出版社、1984年／淡光社編集局 編『イラストで学ぶ 京都の文化財』淡光社、2009年／倉野憲司 校注『古事記』岩波文庫、2007年改版／坂本太郎・家永三郎・井上光貞・大野晋 校注『日本書紀』岩波文庫、1994～1995年／三浦佑之 訳・注釈『口語訳 古事記』文春文庫、2006年／三浦正幸 著『神社の本殿——建築にみる神の空間』吉川弘文館、2013年／三浦佑之 著『古事記の神々／付古事記神名辞典』角川ソフィア文庫、2020年／加藤隆久 監修『イチから知りたい日本の神さま① 熊野大神』戎光祥出版、2008年／中村陽 監修『イチから知りたい日本の神さま② 稲荷大神』戎光祥出版、2009年／小松和彦 著『神になった日本人』日本放送出版協会、2008年／中村禎里 著『改訂新版 狐の日本史』戎光祥出版、2017年／村上修一 著『日本陰陽道史話』大阪書籍、1987年

●著者 **渋谷 申博**（しぶや のぶひろ）
東京都生まれ。早稲田大学第一文学部卒。宗教史研究家。神道・仏教など宗教史に関わる執筆活動をするかたわら、全国の社寺・聖地などのフィールドワークを続けている。著書多数。近著に『猫の日本史』『呪いの日本史』（出版芸術社）、『日本の暮らしと信仰365日』『全国の神社 福めぐり』『聖地鉄道めぐり』（ジー・ビー）、『図解 はじめての神道と仏教』（ワン・パブリッシング）、『眠れなくなるほど面白い 図解 神社の話』『眠れなくなるほど面白い 図解 神道』『眠れなくなるほど面白い 図解 仏教』『眠れなくなるほど面白い 図解 聖書』（日本文芸社）、『諸国神社 一宮・二宮・三宮』（山川出版社）などがある。

●スタッフ ［編集協力］石川瑞子、新藤史絵（株式会社アーク・コミュニケーションズ）／［本文デザイン］小林幸恵（有限会社エルグ）
［イラスト］たむらかずみ、cocoanco／［校正］株式会社ぷれす／［編集担当］神山紗帆里（ナツメ出版企画株式会社）

本書に関するお問い合わせは、書名・発行日・該当ページを明記の上、下記のいずれかの方法にてお送りください。電話でのお問い合わせはお受けしておりません。
・ナツメ社Webサイトの問い合わせフォーム　https://www.natsume.co.jp/contact
・FAX（03-3291-1305）
・郵送（下記、ナツメ出版企画株式会社宛て）
なお、回答までに日にちをいただく場合があります。正誤のお問い合わせ以外の書籍内容に関する解説・個別の相談は行っておりません。あらかじめご了承ください。

ナツメ社Webサイト
https://www.natsume.co.jp
書籍の最新情報（正誤情報を含む）はナツメ社Webサイトをご覧ください。

参拝したくなる！ 日本の神様と神社の教科書

2023年 5 月 8 日　初版発行
2025年 1 月 1 日　第 7 刷発行

著者　渋谷申博
発行者　田村正隆

©Shibuya Nobuhiro, 2023

発行所　株式会社ナツメ社
東京都千代田区神田神保町1-52　ナツメ社ビル1F（〒101-0051）
電話　03（3291）1257（代表）　FAX　03（3291）5761
振替　00130-1-58661
制作　ナツメ出版企画株式会社
東京都千代田区神田神保町1-52　ナツメ社ビル3F（〒101-0051）
電話　03（3295）3921（代表）
印刷所　ラン印刷社

ISBN978-4-8163-7365-7
Printed in Japan
〈定価はカバーに表示してあります〉
〈落丁・乱丁本はお取り替えします〉
本書の一部または全部を著作権法で定められている範囲を超え、ナツメ出版企画株式会社に無断で複写、複製、転載、データファイル化することを禁じます。